Jürgen Kaube | Sherlock Holmes. 100 Seiten

AF177730

✳ Reclam 100 Seiten ✳

JÜRGEN KAUBE, geb. 1962, ist Herausgeber des Feuilletons der *Frankfurter Allgemeinen Zeitung*. 2015 erhielt er den Ludwig-Börne-Preis und verfasste zahlreiche Bücher, die zu Bestsellern wurden; *Hegels Welt* wurde 2021 mit dem Deutschen Sachbuchpreis ausgezeichnet.

Jürgen Kaube

Sherlock Holmes. 100 Seiten

RECLAM

In Erinnerung an meine Großmutter Ida
Marie-Avril Roux gewidmet

2024 Philipp Reclam jun. Verlag GmbH,
Siemensstraße 32, 71254 Ditzingen
Umschlaggestaltung: zero-media.net, München
Infografik (S. 12 f.): © Martina Frank, München
Bildnachweis: S. 3, 44, 56, 58, 65: Wikimedia Commons / Public
Domain Mark 1.0 Universell; Autorenfoto: © privat
Umschlagmaterial: Creative Print, Schabert
Druck und Bindung: Esser printSolutions GmbH,
Untere Sonnenstraße 5, 84030 Ergolding
Printed in Germany 2024
RECLAM ist eine eingetragene Marke
der Philipp Reclam jun. GmbH & Co. KG, Stuttgart
ISBN 978-3-15-020716-1

www.reclam.de

Für mehr Informationen zur 100-Seiten-Reihe:
www.reclam.de/100Seiten

Inhalt

Die Zeit mit den Detektiven

Am Beginn meines Vergnügens an Sherlock Holmes stand ein Autor namens Victor Gunn. So hieß er allerdings nur in Deutschland, der eigentliche Name des Briten war Edwy Searles Brooks. Er hatte zwischen 1910 und 1965 unter gut einem halben Dutzend Pseudonymen etwa einhundert Romane geschrieben. Darunter diejenigen, die ich vierzehnjährig auf dem Dachboden im schwäbischen Grünmettstetten im Nachlass meiner Großmutter Ida Odermatt fand. Es waren »Goldmann Krimis« in gefährlich leuchtendem Rot, mit einem mürrischen Chefinspektor William Cromwell, der nach den schwerbewaffneten Reiter-Soldaten seines historischen Namensvetters »Ironsides« genannt wurde, und mit seinem stets gutgelaunten und à la mode gekleideten Assistenten Sergeant Johnny Lister, der ein Kabriolett der Marke Alvis fuhr (googeln Sie mal, Sie möchten dann auch so eines haben!). Ihre Fälle spielten in verregneten Landschaften Englands mit vielversprechenden Namen wie Essex, Cornwall, Norfolk und Dartmoor, überhaupt gern in Moorgegenden und an Flüssen. Ich verschlang die Bände, sie verbanden mich mit meiner früh verstorbenen, geliebten Großmutter, und sie waren mein Weg in die Welt der Detektivromane.

Es ist die Welt dunkler Stimmungen, in der selbst dort, wo vieles in Ordnung scheint und jedenfalls Frieden herrscht – der Kriminalroman ist eine Gattung für Friedens-, also Nachkriegszeiten –, etwas Unheimliches im Hintergrund wirkt. Es wird Tee getrunken, im Kamin brennt ein Feuer, aber überall kann es zu einem Mord, also zum Äußersten kommen, überall gibt es verborgene oder offenkundige Konflikte, die sich bis zur Untat steigern können. Die Soziologen beschäftigen sich damit, weshalb es die meisten Konflikte glücklicherweise nicht so weit bringen. Die Kriminalromane hingegen gehen der Frage nach, was geschehen soll, wenn es doch so weit kommt.

Dabei vermittelt der Detektiv den Lesern die Hoffnung, es lasse sich die Ordnung durch Nachdenken und Ermitteln zumindest vorläufig wieder einrenken. So wird der Kriminalroman dann auch gelesen, in geschützten Räumen, im Bahnabteil, in Strandkörben, im Bett. Zugleich vermittelt er den Verdacht, dass diese Räume so sicher nun auch wieder nicht sind. Das Vergnügen an Kriminalromanen bewegt sich zwischen dem Gefühl der Leser, nicht betroffen zu sein, und dem Zweifel daran, ob man sich darauf auch wirklich verlassen kann.

So las auch ich die Kriminalromane. Auf Gunn folgten die von Agatha Christie und Rex Stout, die ausufernden von Dorothy L. Sayers und die mit den vielen Ein-Satz-Absätzen von Georges Simenon, bald aber auch die ganz anders temperierten von Sjöwall und Wahlöö, -ky und dem bewunderten Harry Kemelman.

Irgendwann erfuhr ich, dass diese Welt der detektivischen Ermittlungen zuerst von Arthur Conan Doyle betreten worden ist. Zwar gab es zuvor schon erste Kriminalromane und -novellen; das Genre begann sich seit der Mitte des 19. Jahr-

Arthur Conan
Doyle, 1914.
Foto von Wal-
ter Benington

hunderts zu entwickeln. Doch erst Doyle, der schottische Mediziner, drang 1887 zur Figur eines Detektivs durch, der mittels erstaunlicher Beobachtungskraft und präziser Schlussfolgerungen einen Fall nach dem anderen löste. Mit Sherlock
Holmes war die Gattung erfunden. Alle Detektive, die danach
kamen, von Father Brown über Nero Wolfe und Gideon Fell
bis Sam Spade und William von Baskerville, sind Variationen
auf Holmes, gezielte Abweichungen von ihm, Gegenentwür-

fe zu ihm, Enkel und Urenkel, die mit ähnlichem Gesicht eigene Wege gingen oder mit ganz anderem Gesicht die gleichen.

Worin liegt die Faszination des Detektivromans? Er hat, wie Jorge Luis Borges sagt, eine besondere Art von Lesern geschaffen: misstrauische, auf Schrecken gefasste, für kleine Hinweise und für intelligente Schachzüge empfängliche Leser. Das Lesen von Kriminalromanen geht nämlich mit einer seltsamen Konzentration einher: Was in anderen Romane Füllelemente sind – die Lage des Gartens, die Krawattennadel, der unbekannte Cousin –, darauf lastet hier der Verdacht, für die Rätsellösung eventuell entscheidend zu sein. Durch die Lektüre zieht sich die Wirklichkeit auf ein paar wenige Rätsel zusammen. Erzählt wird von der Gesellschaft draußen, in Mietshäusern, Sumpflandschaften, Banken, Herrensitzen und Spelunken als Ort solcher Rätsel. Denn es könnte dort nicht alles, aber vieles anders sein, als es scheint. Die Hotelgäste sind angeheuerte Schauspieler. Die Büroarbeit dient dazu, die Angestellten von ihren Wohnungen fernzuhalten. Die Braut war schon verheiratet.

Der Detektivroman ist angesichts solcher Rätsel zuversichtlich. Selbst das, sagt er, was sich aufgrund der hohen Strafen, die darauf stehen, am stärksten verbirgt, also: das Verbrechen, kann aufgeklärt werden. Dazu bedarf es eines geistigen Aufwands, Sach- und Personenkenntnis sowie analytischen Durchhaltevermögens. Die Detektive treten an gegen das Geheimnis und das Böse.

Außerdem fasziniert an der Detektivgeschichte ihre zeitliche Struktur, über die Viktor Šklovskij und Tzvetan Todorov geschrieben haben. Etwas Schreckliches ist geschehen, und während sich die Erzählung in der Gegenwart vorwärtsbewegt, gilt die Ermittlung ganz der Vorgeschichte des Geschehenen. Es gibt also zwei Geschichten, die Geschichte der Tat und die Geschichte ihrer Aufklärung. Der Blick des Detektivs geht in die Vorvergangenheit, die er oder sie aus der Gegenwart und den Spuren, die sie in ihr hinterlassen hat, zu erschließen versucht. Er hat dadurch einen Zug ins Historische und Archäologische. Sehr häufig haben die Leser von Kriminalromanen deshalb wenig Interesse an Science-Fiction, sie wenden der Zukunft oft den Rücken zu und beschäftigen sich lieber mit der Frage, was bisher geschah.

Es geschah etwas Böses. Die Aufgabe des Detektivs ist es, das Böse in allen seinen Erscheinungsweisen, den spektakulären wie den unbeachtlichen, aufzuklären. Was ist das Böse? Wir können in seinen Extremen an die Menschheitsverbrechen des 20. Jahrhunderts denken oder an Jack the Ripper, den Londoner Serienmörder aus dem Jahr 1888. In beiden Fällen erschreckt es, wenn wir für furchtbare Taten keine für uns nachvollziehbaren Gründe finden. Wenn sie also nicht aus Habgier, sexueller Begierde oder Angst verübt wurden, sondern ihnen das Vergnügen am Schrecken und an der unerhörten Tat selbst innewohnt.

Besonders böse erscheint uns also die Tat aus Lust am Bösen selbst, die »nicht aus Furcht noch Eigennutz«, so Heinrich Heine, begangen worden ist. Darum ist der Teufel für uns und ist Professor Moriarty für Sherlock Holmes keine Figur, die triebhaft handelt oder nur, um sich zu bereichern. Er ist auch niemand, dem es an Intelligenz fehlt. Böse ist die Bereitschaft zum und die Freude am Leid anderer sowie an der Vernichtung einer Welt. Mitunter kommt der Hohn über die braven Leute, die Polizisten und sogar den Detektiv hinzu, für die der Teufel zu clever ist.

Daneben gibt es noch die gewöhnlichen Motive, und der Detektiv ist oft mit Fällen befasst, in denen sie die tragende Rolle spielen. Es geht um ein Erbe, eine ungewollte Heirat, um Juwelen, um den Einbruch in eine Bank, um Eifersucht. Oft geht es auch um Rache für Geschehnisse, die länger zurückliegen. Viele der Täter, denen Holmes nachsetzt, würden wir auch nicht unbedingt böse nennen, sondern schlecht, aber Arthur Conan Doyle insistiert, dass auch ihre Bereitschaft, das Leid anderer zur Befriedigung der eigenen Interessen in Kauf zu nehmen, an das Böse grenzt.

Das Motiv der Rache, die wir an Straftätern vollziehen, verweist auf die übernützlichen Begründungen für eine böse Tat. Denn die Rache macht die Toten so wenig wieder lebendig, wie die Todesstrafe für Mord – in England wurde sie seit 1965 nicht mehr vollzogen, aber erst 1988 endgültig abgeschafft – oder Strafe überhaupt etwas wiedergutmacht. Es wird gestraft, obwohl es dadurch zu keinem Ausgleich kommt. Im dunklen Kern des Verbrechens dreht sich insofern alles um die selbsterteilte Erlaubnis, Gewalt in allen ihren Steigerungsformen anzuwenden, und um den Widerstand des Rechts dagegen.

Das heißt umgekehrt, dass das Gute nicht auf Einsicht beruht, die gute Handlung keiner kognitiven Leistung entspringt. Im Gegenteil – und das ruft den Detektiv auf den Plan. Der Verbrecher behauptet, schlauer zu sein als die anderen und sich deshalb alles herausnehmen zu können. Der Detektiv nimmt diese Wette an. Gerade im intelligenten Detektiv verkörpert sich daher unsere Hoffnung, dass Intelligenz nicht alles ist, sondern entscheidend der Wille bleibt, sie für eine gute Ordnung einzusetzen. Wie gut die Ordnung ist, für die der Detektiv sich einsetzt, werden wir noch sehen.

Der Berühmteste von allen

Sherlock Holmes, *der* Detektiv, ist »die einzige populäre Legendenfigur, die in der modernen Welt geschaffen wurde« (Gilbert K. Chesterton). Ist er überhaupt eine Erfindung? Ein Band, der sich 1944 dem Privatleben von Holmes zuwandte, vermerkte: »Die Charaktere in diesem Buch sind wirkliche Personen. Jede Ähnlichkeit mit fiktionalen, lebendig oder tot, ist rein zufällig.«

Früh ist Sherlock Holmes erforscht worden, als habe es ihn tatsächlich gegeben. Die Briefe, die an seine Adresse, Baker Street 221B, gerichtet worden sind, füllen Eisenbahnwaggons, und die Wohnungsbaugesellschaft, die das Gebäude gemietet hatte, richtete ein eigenes Büro zu ihrer Beantwortung ein. Im Februar 1910 entschied die Schweizer Eisenbahn, alle Geschichten mit Sherlock Holmes aus den Bahnhofsbuchhandlungen zu verbannen, nachdem zwei junge Landarbeiter einen von ihnen begangenen Mord mit dem Einfluss erklärt hatten, den die Detektivgeschichten auf sie ausgeübt hätten.

Es gibt fast niemanden im Universum, der Sherlock Holmes nicht kennt, von ihm noch nie gehört hat. Man hat gesagt, nur Micky Mouse und der Weihnachtsmann seien ähnlich berühmt. Doch vom Weihnachtsmann gibt es keine festgefügten

Geschichten, und Micky Mouse ist nicht weit über den Comic und die Zeichentrickfilme hinausgedrungen. Umgekehrt erscheint Holmes 1986 in Disneys Welt als »Basil the Great Mouse Detective«.

Der Ruhm von Sherlock Holmes und seinem Assistenten, Dr. Watson, übersteigt erheblich die 56 Geschichten und vier Romane, die Arthur Conan Doyle zwischen 1887 und 1927 über sie veröffentlich hat. Unter den Sherlock-Holmes-Forschern heißen sie mit einem Begriff, den die Kirche für ihre heiligen Texte verwendet hat, »der Kanon«.

Neben dem Kanon gibt es die Apokryphen, also Teile, die kein Teil des engeren Kanons sind, aber doch dazugehören. Schon zu Lebzeiten des Autors erschienen fast 400 Sherlock-Holmes-Parodien, die erste von ihnen 1891, vier Monate nach der ersten Kurzgeschichte *Ein Skandal in Böhmen*. Es gibt Hunderte von Verfilmungen seiner Fälle, es gibt erzählerische Fortführungen der Figur und der Fälle, die bei Arthur Conan Doyle nur erwähnt, aber nicht erzählt werden. In der Fernsehserie *Elementary* ermittelt der Meister im gegenwärtigen New York mit einem weiblichen Dr. Watson, in der jüngsten Verfilmung der BBC wirkt er im London unserer Zeit, und die Erben von Conan Doyle führten vergeblich einen Urheberrechtsprozess gegen die Produzenten von *Enola Holmes*, einem Film über Sherlock Holmes' kleine Schwester. Wer vor englischer Küche nicht zurückschreckt, kann Sherlock-Holmes-Kochbücher kaufen, es gibt Kostüme, wie er sie getragen haben soll, und Einführungen in seine Art des Denkens. Die Brett- und Kartenspielindustrie verdankt ihm viel. In London ist nahe Baker Street 221B ein Museum eingerichtet, und es gibt in der Northumberland Street Ecke Craven Passage einen Pub »The Sherlock Holmes« mit einer eigenen Devotionaliensammlung.

Ist es sonst üblich, eine literarische Gesellschaft für den Autor zu gründen, so existiert im Fall von Holmes eine Gesellschaft für die Figur. Von den zahllosen Studien, die ihr gelten, war dabei noch gar nicht die Rede. Wir wissen so gut wie alles über Holmes. Ein früher Impuls der Verehrung versuchte mit spöttischem Unterton, die Methoden der neutestamentarischen Textforschung auf den Kanon anzuwenden. Umberto Ecos fabelhafter »Name der Rose« ist eine einzige Hommage an Holmes: Der Detektiv heißt William von Baskerville, der Erzähler ist sein Adlatus und heißt Adson von Melk. Inzwischen könnte man eine Professur für Sherlock-Holmes-Studien einrichten. Das geht weit über andere mythische Charaktere wie Faust, Don Giovanni oder Frankensteins Monster hinaus. Nur Dracula und seine Sippe haben es ähnlich weit gebracht.

Sherlock Holmes ist also ein moderner Mythos. Bevor wir der Frage nachgehen, wie es zu ihm gekommen ist, möchte ich kurz der Faszination für den englischen Detektiv folgen. Sie hängt mit Kaminfeuern, mit dem Londoner Nebel und dem zwanglosen Zwang der Logik zusammen, durch die er die durch Verbrechen gestellten Probleme löst. Sie hängt überdies mit dem selbstständigen Leben zusammen, das Holmes führt. Dr. Watson bezeichnet es zuweilen als das Leben eines Bohemiens, der aufsteht und ins Bett geht, wann ihm danach ist, Fälle annimmt und ablehnt, wie es ihm behagt, sich mit Violinspiel und Kokainkonsum die Langeweile zwischen den Fällen vertreibt und seinen Hobbys nachgeht, ohne die Pflichten zu verletzen, die er als »Consulting Detective«, als freier Ermittler also, hat: sich auf dem aktuellen Stand der Möglichkeiten zu halten, Rätsel zu lösen.

Sherlock Holmes übt eine Profession aus. Unter allen Berufen werden als Professionen diejenigen bezeichnet, die mit

Klienten arbeiten und deren Erfolg von der Mitarbeit der Klienten abhängt. Die klassischen Beispiele sind Ärzte, Anwälte, Pfarrer und Lehrer. In allen diesen Fällen befinden sich die Klienten in einer Krise, in der sie Rat suchen. Sie befinden sich in einem Konflikt, in einem kritischen Gesundheitszustand, einer schwierigen Seelenlage oder – vermutlich ohne es zu wissen – in einer Bildungskrise, weil sie nicht einmal wissen, was sie brauchen, um im Leben weiterzukommen. Die Professionen, die alle auf wissenschaftlicher Grundlage arbeiten, bieten Rat an, aber sie verfügen, anders als Ingenieure, Steuerberater oder Architekten, über keine sicheren Techniken, um die Probleme ihrer Klienten zu lösen.

Auch Sherlock Holmes hat eine Praxis, ein Sprechzimmer, in dem er Klienten empfängt. Auch sie kommen zumeist mit einer für sie unlösbaren Krise zu ihm. Der Polizei trauen sie aus unterschiedlichen Gründen nicht zu, ihre Probleme zu lösen. Die Klienten haben von den Erfolgen gehört, die Holmes beim Lösen kriminalistischer Probleme erzielt hat, und bitten ihn, sich ihrer Fälle anzunehmen.

Die Faszination für Holmes ist also die für eine Figur, die es mit den nichtphilosophischen und dennoch existenziellen Rätseln unseres Lebens aufnimmt. Holmes fragt nicht, wie man um 1890 herum auch gefragt hat, ob das ganze Leben ein Kampf ums Dasein ist oder, wie sein Autor Arthur Conan Doyle in vielen Publikationen gefragt hat, ob es eine spiritistisch erreichbare Überwelt von Geistern gibt. Als Zeitgenosse von Friedrich Nietzsche geht Holmes nicht durch eine Genealogie der Moral den Grundlagen von Gut und Böse in der europäischen Zivilisation nach. Er fragt nicht nach dem Wesen von irgendetwas, sondern schreibt lieber eine Abhandlung über die 140 verschiedenen Aschen von Zigarren, Pfeifen und Zigaret-

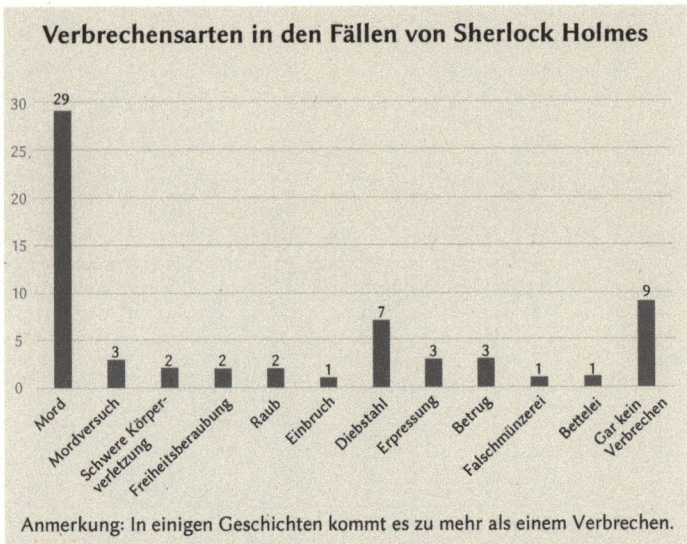

Verbrechensarten in den Fällen von Sherlock Holmes

Mord: 29
Mordversuch: 3
Schwere Körperverletzung: 2
Freiheitsberaubung: 2
Raub: 2
Einbruch: 1
Diebstahl: 7
Erpressung: 3
Betrug: 3
Falschmünzerei: 1
Betelei: 1
Gar kein Verbrechen: 9

Anmerkung: In einigen Geschichten kommt es zu mehr als einem Verbrechen.

ten. Als Zeitgenossen von Karl Marx bewegt es ihn nicht, welche Gesellschaft vor der Tür steht und bloß noch einer durch Verelendung bewegten Revolution bedarf, um hereingelassen zu werden. Sherlock Holmes interessiert sich nicht für grundsätzliche Fragen, sondern nur für konkrete. Wer tötete Mr Taylor im Wald von Boscombe? Was ist der Hund der Baskervilles? Wie kam der Blaue Karfunkel in die Weihnachtsgans?

Es werden mithin Verbrechen aufgeklärt. Eine Tat ist geschehen, zumeist ein Mord; in etwas mehr als der Hälfte aller Fälle von Sherlock Holmes geht es um einen Toten. Daneben gibt es Fälle, in denen gar kein Verbrechen stattfand, sondern sich die Rätsel in Wohlgefallen auflösen, und es gibt viele andere Straftaten.

Deerstalker
Das Rätsel von Boscombe Valley (1891):
Übersetzt »Hirschpirscher«:
Holmes als Jäger
in der Großstadt.

Calabash-Pfeife
Sherlock Holmes
(Theaterstück von 1893):
Aus Flaschenkürbissen
(Kalebassen) gefertigt,
mit einem Einsatz aus
Meerschaum.

Kokainspritze
Im Zeichen der Vier
(1890):
In siebenprozentiger
Lösung. Der Höhe-
punkt seiner Sucht lag
zwischen 1886 und 1889.

Inverness-Mantel
Silberstern (1893):
Auch »Havelock«
genannt. Eine Erfin-
dung des Illustrators
Sidney Paget.

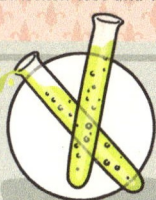

Reagenzgläser
Eine Studie in Scharlachrot
(1887):
Das stärkste Schulfach
von Holmes: Chemie.

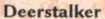

— Die Welt des *Sherlock Holmes* —

Lupe
Das gefleckte Band (1892):
Der Teufel steckt im Detail.

Hansom Cab
Eine Studie in Scharlachrot (1887):
Bis zu 7500 solcher Droschken
waren in London unterwegs.

Times-Tageszeitung
Der Hund der Baskervilles (1901):
Eine einzige Spurensammlung
der Großstadt.

Stradivari
Die Pappschachtel (1893):
Die Alternative zum Kokain.

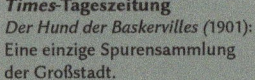

Sherlocks Väter: Dupin, Bell, Stevenson

Sherlock Holmes hat drei Väter und keine Mutter. So patriarchalisch war die Welt um 1885. Die Väter kamen aus Boston (Massachusetts) und Edinburgh in Schottland. Sie waren ein unglücklicher Dichter, der ein Faible für alle Spielarten des Horrors, der Intelligenz und der Spekulation hatte, ein Militärarzt und ein Autor von Abenteuergeschichten.

Die Detektivgeschichte erblickte im April 1841 in Philadelphia (Pennsylvania) das Licht der Welt, oder besser: ihre schlecht beleuchteten Räume, als der aus Boston stammende Edgar Allan Poe seine Erzählung *The Murders in the Rue Morgue* (*Die Morde in der Rue Morgue*) in *Graham's Magazine* veröffentlichte. Vorher gab es in der Literatur Verbrechen, die aufgeklärt wurden, Untersuchungen, Schlussfolgerungen aus Spuren: in der griechischen Tragödie, im Alten Testament, bei Voltaire und bei E. T. A. Hoffmanns *Fräulein von Scuderi*. Aber Ödipus war kein Ermittler, Voltaires Zadig konkurrierte nicht mit der Polizei, das Fräulein von Scuderi löste nur einen einzigen Fall. Für die Gattung genügen Verbrechen, Spuren, die zu den Tätern führen und richtiges Schlussfolgern allein nicht. Es braucht einen Detektiv. Auguste Dupin in Poes Geschichte, auf die zwei weitere folgten, ist in der Literaturgeschichte der erste.

Poe verfolgte mit seiner Figur philosophische Absichten. Es ging ihm um die Analyse von analytischen Fähigkeiten, die von ihm in erster Linie als eine Praxis um des eigenen Vergnügens willen betrachtet wurden, nicht als eine Technik, um bestimmte Wirkungen hervorzubringen. Das Verbrechen ist nur ein Anlass, um die Intelligenz zu erproben. Dupin ist ein Rätsellöser, ein Spieler, der nicht handelt, sondern nur denkt. Das Muster für den analytischen Intellekt ist für Poe das Kartenspiel Whist. Hier hat der gute Spieler bei hoher Konzentration – »angespannt beobachten heißt sich klar erinnern« – viele Informationen aufzunehmen: die Vermutung über die Kartenverteilung, die Anordnung der Karten in den Händen der Spieler, die Blicke der Gegner auf ihre eigenen Karten, ihre Mienen, ihre Gesten, ihre Gewohnheiten. Anders als beim Schach werden alle möglichen Beobachtungen in das Spiel hineingezogen, weil die Information unter den Spielern nicht gleich verteilt ist. Es sei eine »konstruktive oder kombinatorische Kraft«, die sich hier äußere, und für ihre außerordentlichen Leistungen dient Poe der verarmt in Paris lebende Adlige Auguste Dupin als Illustration.

Dieser Detektiv ist eine sozial isolierte Figur. Er ähnelt Künstlern, die nur nachts arbeiten, wenn sie niemand stört. Er unterhält kaum Freundschaften. Dupin wohnt mit dem Erzähler seiner Fälle zusammen. Er empfängt keine Besucher, betreibt also keine Praxis. Man kann sich nicht an ihn wenden, Ermittlung ist sein Hobby. Seinem Freund führt er gern, ähnlich wie Holmes, die eigenen intellektuellen Fähigkeiten vor und kichert dabei. Nach der Lösung der Fälle gibt sich Dupin wieder Träumereien hin, und er ist von melancholischer Langeweile, dem »ennui«, bedroht.

Seine analytische Kapazität beweist sich unter anderem in der Fähigkeit, die Gedanken seines Gegenübers über mehrere hochassoziative Schritte hinweg zurückzuverfolgen. Im Schach, das Poe aber nicht sonderlich schätzt, würde man das eine Retroanalyse nennen: die Rekonstruktion einer Zugfolge aufgrund einer gegebenen Stellung, zu der bestimmte Züge hingeführt haben können (der amerikanische Mathematiker Raymond Smullyan hat 1979 beide Motive in einem wundervollen Buch, *The Chess Mysteries of Sherlock Holmes*, zusammengeführt).

Auf die Pariser Polizei blickt Dupin herab wie Holmes auf Scotland Yard. Denn sie habe keine Methode, verbohre sich in aufschlusslose Gesichtspunkte und in Vorurteile. Die entscheidenden Umstände liegen für ihn oft an der Oberfläche, wer sich nicht blenden lassen wolle, müsse die Gegenstände mitunter von der Seite betrachten. In *The Murders in the Rue Morgue* tritt Dupin der Ablenkung des Nachdenkens durch die Ungewöhnlichkeit der Tatumstände entgegen. In *The Mystery of Marie Rogêt* (*Das Geheimnis der Marie Rogêt*) behandelt er umgekehrt die Gewöhnlichkeit eines Mordes als Schwierigkeit, die weder die Polizei noch die berichterstattende Presse überwindet. In *The Purloined Letter* (*Der entwendete Brief*) liegt das unauffindbare Dokument völlig unversteckt dort, wo es liegen sollte, weswegen alle es übersehen haben. Poe stellt also in einzelnen Fällen drei typische Erkenntnishindernisse dar: das Exotische eines Falles, die Trivialität eines Falles, das Offensichtliche der Lösung.

Die Leistung des Detektivs besteht also darin, möglichst wenig Vorannahmen zu machen, nichts unbefragt zu lassen und alles für möglich zu halten, was nicht den Naturgesetzen widerspricht. Dabei gewinnt Dupin seine Schlussfolgerungen fast komplett aus dem, was die Presse über die Tatorte und die Zeugenaussagen berichtet. Seine implizite Behauptung ist es, aus den vielen Meinungen über den Fall die Wahrheit über ihn herausziehen zu können. Das logische Nachdenken siegt nicht nur über den Irrtum, heißt das, es genügt ihm auch eine Reihe von Irrtümern, um zur Wahrheit durchzudringen. Der Detektiv überblickt, was alles gesagt worden ist, filtert die Widersprüche heraus, überprüft die Gemeinsamkeiten der Aussagen und folgert, worauf sie beruhen könnten. Der eine Zeuge behauptet, die Sprache des Täters sei Italienisch, der andere ist ganz sicher, es sei Russisch gewesen, wieder andere fanden, er habe Griechisch oder Niederländisch geredet. Kein Zeuge beherrschte dabei die Sprache, von der er annahm, sie sei gesprochen worden. Schlussfolgerung: Es war gar keine Sprache, sondern es waren die Schreie eines Menschenaffen, in die jeder Zeuge seine Vorurteile über unbekannte Laute hineingedeutet hatte.

Sherlock Holmes ist mitunter als eine bloße Kopie von Auguste Dupin bezeichnet worden. Tatsächlich hat Arthur Conan Doyle den drei Geschichten, in denen Dupin Kriminalfälle löst, viel entnommen. Gleich in seinem ersten Roman, *A Study in Scarlet* (*Eine Studie in Scharlachrot*) von 1887, wird Dupin dann aber sehr unfreundlich als minder begabte Erscheinung (»a very inferior fellow«) bezeichnet, der oberflächlich eindrucksvolle Tricks zum Besten gebe. Das war undankbar, denn sein Vorbild ist in der Gestalt von Holmes leicht zu erkennen, und die geschmähten Tricks nutzt Doyle mehrfach selbst. Holmes ist, wie Dupin, ein Bohemien. Er lebt, wie Dupin, in einer großstädtischen Wohngemeinschaft mit dem Autor, der seine Falllösungen beschreibt. Er stützt sich bei seinen Ermittlungen ebenfalls stark auf Zeitungsberichte, er ist eine stark auf »ratiocination« beruhende Intelligenz, und er sinkt nach der Lösung der Fälle ebenfalls oft in einen melancholischen Spleen zurück.

Doch Holmes hat, anders als sein Vorbild, ein selbstständiges Leben. Conan Doyle fügt dem Großstadtbohemien viel soziale Farbe hinzu. Holmes betreibt seine Ermittlungen tagsüber als Beruf. Er wendet sich den Klienten zu, die ihm die unterschiedlichsten Probleme stellen, und durchstreift die englische Gesellschaft wie ein Jäger den Wald. Er geht hin, besucht die Tatorte, lässt sich auf die Konfliktsituationen ein, die den Fällen zugrunde liegen, und er schreitet ein. Die Fälle sind meist keine rein intellektuellen Rätsel, sondern Holmes wird in die Konstellationen von Tätern und Opfern verstrickt. Manche Fälle von Holmes sind auch noch nicht beendet, wenn er eingreift, sondern er setzt seinen Verstand ein, um einen weiteren Handlungsverlauf zu verhindern. Die detektivische Intelligenz löst also meistens nicht einfach eine Schachaufgabe, sondern beweist bei Holmes sozialen Takt, Gespür für die politische Situation, für Verwandtschaftsverhältnisse, für seine Gegenspieler oder für Fragen der moralischen Gerechtigkeit. Holmes ist, mit anderen Worten, weit weniger distanziert gegenüber seinen Fällen als Dupin.

Edgar Allan Poe hat ein literarisches Experiment durchgeführt, das den Beweis auf eine philosophische These über die Logik der Urteilskraft liefern sollte. Arthur Conan Doyle hingegen erfindet eine Figur, die nicht nur Intelligenz exemplifiziert, sondern eine berufliche Lebensweise unter gesellschaftlichen Umständen. Bei ihm geht es nicht nur um die Frage, wie es zur Leiche kam, sondern oft darum, den Versuch zu verhindern, dass am Ende eine Leiche daliegt. Wir lernen bei ihm London kennen und die Grafschaften, erfahren etwas über das Leben in den Kolonien, über den Ku-Klux-Klan und die Mormonen, über Erpresser und Heiratsschwindler, über Pferdeställe, Arztpraxen und Ehekrisen. Vor allem aber erfahren wir etwas über Verbrecher. Der Detektiv erschließt sich und uns eine Wirklichkeit, die kein Spiel, kein Quiz ist.

Das zweite Vorbild für Holmes entnahm Doyle dieser Wirklichkeit. Es war der schottische Mediziner Joseph Bell, bei dem er von 1877 an studiert hatte und dessen Assistent an der Universität von Edinburgh er war. Ihm ist die erste Sammlung von Kurzgeschichten, *The Adventures of Sherlock Holmes* (*Die Abenteuer des Sherlock Holmes*), gewidmet, die 1892 erschien. Bell war ein früher Forensiker, er obduzierte und er stellte Diagnosen. Als Arzt kannte er sich mit der Deutung von Symptomen als den Schlüsseln zur Diagnose aus. Die Krankheit selbst kann man so wenig sehen wie anfangs den Verbrecher. So schloss Bell, wie es später Holmes tun sollte, aus körperlichen Merkmalen seiner Klienten auf deren alltägliches Verhalten. Ob jemand ein Raucher ist, sieht man nicht erst an der Lunge, sondern zuvor an den Händen und der Haut. Welchen Beruf jemand hat, mag am Zustand seines Rückgrats, dem Staub an seinen Hosenknien oder an den Eindrücken abgelesen werden, die von der Brille an der Nasenwurzel hinterlassen wurden. Der Forensiker Edmond Locard, der 1910 an der Universität von Lyon das weltweit erste kriminaltechnische Labor zur Sammlung von Beweismaterial eingerichtet hat, formulierte es so: »Jede menschliche Handlung, und umso mehr die gewalttätige eines Verbrechens, hinterlässt Spuren.« Sie sind desto aufschlussreicher, je unwillkürlicher sie hinterlassen wurden. »Verwisch die Spuren!«, weist Bertolt Brechts *Lesebuch für Städtebewohner* 1930 seine Leser an, doch der Detektivroman weiß schon 40 Jahre zuvor: Das Verwischen hinterlässt seinerseits welche.

Es gehört zur Ironie der Sherlock-Holmes-Geschichten, dass Arthur Conan Doyle diese am lebenden Körper obduzierenden Fähigkeiten auf seinen Detektiv übertrug, während sie dem Mediziner Dr. Watson als Begleiter von Holmes gerade fehlen. Der Autor hat also die Eigenschaften von Joseph Bell, im medizinischen Kontext fabelhaft Details lesen zu können, auf zwei Personen aufgeteilt. Dass Holmes sich seine Fähigkeiten im Selbststudium angeeignet hat, soll dabei den Ausnahmefall, den er darstellt, und die Passion, der er folgt, unterstreichen.

Wir werden noch mehrfach auf die Frage stoßen, wodurch Sherlock Holmes fasziniert. Dies ist eine Antwort: durch eine passionierte Berufsauffassung, die ihre Energie nicht aus dem Bestreben zieht, gottwohlgefällig zu leben, Wohlstand zu erwirtschaften oder für eine Familie zu sorgen, sondern allein aus der Tätigkeit selbst. So spezialistisch sie ist, erschließt sie eine ganze Welt.

Dies, die Erschließung einer Welt aus einem hochspezialisierten Gesichtspunkt heraus, hier: aus dem der Ermittlung in Kriminalfällen, haben die deutschen Idealisten um 1800 herum als »Bildung« bezeichnet. Schon im ersten Roman mit Holmes legte Dr. Watson eine Liste von den erheblichen Kenntnissen und erheblichen Wissenslücken des Detektivs an, die auf diesen Begriff der Bildung anspielt. Denn Bildung heißt für Holmes nicht, gleichermaßen über Carlyle, das Weltall, die Tories und die Chemie der Gerinnung informiert zu sein, sondern aus einem begrenzten Erkenntnisumkreis heraus Wirklichkeit gewinnen zu können.

Aus Dupin und Bell allein würde aber noch nicht Holmes. Denn Literatur bedarf nicht nur prägnanter Figuren und Handlungen. Sie entfalten sich erst unter den Umständen einer besonderen Stimmung. Hier ist es die Stimmung der schwach beleuchteten Großstadt und des rauen Landes mit

Schrecken, Verbrechen und Ermittlung im 19. Jahrhundert

1818 Mary Shelley: *Frankenstein; or The Modern Prometheus*
     (*Frankenstein oder Der moderne Prometheus*)

1819 E. T. A. Hoffmann: *Das Fräulein von Scuderi*

1829 Adolf Müllner: *Der Kaliber. Aus den Papieren eines
     Kriminalbeamten*

1841 Edgar Allan Poe: *The Murders in the Rue Morgue*
     (*Die Morde in der Rue Morgue*)

1860 Wilkie Collins: *The Woman in White* (*Die Frau in Weiß*)

1862 Charles Warren Adams: *The Notting Hill Mystery*
     (*Das Mysterium von Notting Hill*)

1863 Émile Gaboriau: *L'affaire Lerouge* (*Die Affäre Lerouge*)

1868 Wilkie Collins: *The Moonstone* (*Der Monddiamant*)

1870 Charles Dickens: *The Mystery of Edwin Drood* (*Das
     Geheimnis des Edwin Drood*)

1887 Arthur Conan Doyle: *A Study in Scarlet* (*Eine Studie in
     Scharlachrot*)

1897 Bram Stoker: *Dracula*

1905 Maurice Leblanc: *Arsène Lupin*

1907 Gaston Leroux: *Le Mystère de la chambre jaune*
     (*Das Geheimnis des gelben Zimmers*)

seinen abgelegenen Gehöften, in denen sich eine eigene Form von Abenteuern zuträgt. Die Detektivgeschichte handelt, so hat es Gilbert K. Chesterton formuliert, von der Poesie der modernen Welt. Sie tritt einem kurzschlüssigen Begriff von Romantik entgegen, für den Wälder poetischer sind als Bahnhöfe, Sonnenuntergänge poetischer als Bankgeschäfte und Taugenichtse poetischer als Pferdetrainer. Darum entdeckt sie überall, in der Frau aus den Kolonien mit unbekannter Vergangenheit, im Zeitungsinserat, das rothaarige Männer auffordert, sich zu melden, oder in einem gestohlenen rechten Schuh, einen Vorrat an Abenteuerlichkeiten, der größer ist als der des Nibelungenepos. Die Clubs, in denen Geselligkeit durch Schweigen gepflegt wird, die abhandengekommenen Geheimpapiere der Flotte, der an die Wand harpunierte Tote – das alles ist nicht die Welt eines grauen Utilitarismus, vor der man zu blauen Blumen flüchten müsste, sondern eine Welt merkwürdigster Phantasien. Die Moderne ist nicht entzaubert, der Zauber hat in ihr nur neue Formen angenommen. Dass 1887 nicht nur Sherlock Holmes hervortritt, sondern zehn Jahre danach auch der zweite Mythos der Moderne, Dracula in Bram Stokers 1897 publiziertem Roman, muss als Beleg dafür gelesen werden.

42 der 56 Kurzgeschichten um Holmes heißen »Adventure«: das Abenteuer des gesprenkelten Bandes, das Abenteuer vom Daumen des Ingenieurs, vom vornehmen Junggesellen, der Gloria Scott, des griechischen Übersetzers und so weiter. Der Begriff des Abenteuers betont das Episodische an seinen Ermittlungen. Die Fälle sind voneinander unabhängig, sind abgeschlossen und bilden keine Serie. Nach ihrer Lösung wird die Handlung wieder auf null gesetzt, mit jedem Fall beginnt die Erzählung voraussetzungslos aufs Neue. Die Leser können folglich jederzeit einsteigen, sie haben nie etwas verpasst, und es wird auch fast stets dafür gesorgt, dass ihnen alle durchgängigen Eigenschaften des Detektivs in jeder Folge mitgeteilt werden. Der ungeheure Erfolg Doyles beim Publikum hängt mit diesem schlafwandlerischen Gefühl für das Bedürfnis der Leser zusammen, mühelos in das Ermittlungsgeschehen eintauchen zu können, stets den Detektiv in seiner ganzen Pracht

erleben zu dürfen und immer wieder die gleiche bittersüße Nahrung, überbacken mit Spannung, serviert zu bekommen.

Damit tritt die dritte Kraft hervor, die sich in den Geschichten von Sherlock Holmes ausgewirkt hat. Denn der Meister der Abenteuergeschichten zu Zeiten Doyles war Robert Louis Stevenson. In gewisser Weise ist er damals der Antipode Edgar Allan Poes. In der Dunkelheit hat er keine Visionen, sondern zündet Gaslampen an. Die Profile seiner Figuren sind scharf gezeichnet, sie verdämmern nicht, und süchtig ist kaum eine von ihnen, ihre Beziehungen sind klar, und das Schicksal ist etwas, dem sie entgegentreten können. Stevensons Stil bereitet den von Conan Doyle vor: knappe, sachliche Schilderungen, der Verstand verliert nie die Kontrolle, auch wenn die Welt voller Wunderlichkeiten, Passionen und Paradoxa ist. Nur neun Jahre älter als Doyle, hat Stevenson 1881 mit *Treasure Island* (*Die Schatzinsel*) den Klassiker dieser Selbstbehauptung des Verstandes schlechthin publiziert. Im selben Jahr führt er in *New Arabian Nights* (*Die neuen arabischen Nächte*) mit dem in London als Tabakhändler exiliert lebenden Prinzen Florizel von Böhmen eine Detektivfigur ein, die auch in *The Dynamiter* (*Der Dynamitverschwörer*) von 1885 mitspielt, einer Reihe von Kurzgeschichten, die Stevenson zusammen mit seiner Frau Fanny Van de Grift verfasst hat, oder besser: sie mit ihm.

London erscheint hier als »Bagdad des Westens«, eine Metropole der unerwarteten Begegnungen, der Migration und der Warenanhäufung, des Reichtums und also auch des Verbrechens. 1886, ein Jahr vor *A Study in Scarlet*, veröffentlicht Stevenson dann die Erzählung *Strange Case of Dr Jekyll and Mr Hyde* (*Der seltsame Fall des Dr. Jekyll und Mr. Hyde*). In ihr finden wir jene Stimmung, die alle Aktionen von Holmes voraussetzen. London bei Nacht, eine rücksichtslose Existenz streift durch die schwach beleuchteten Straßen, begeht Straftaten und verschwindet in einem Haus, das der ehrenwerte Arzt Dr. Jekyll bewohnt. Allmählich stellt sich zum Entsetzen aller Beteiligten heraus: Der Arzt und der Unhold sind ein und dieselbe Person, weil sich der Mediziner einem pharmakologischen Experiment unterzogen hat, das ihn in eine andere Person verwandelt.

Es ist demzufolge mit allem zu rechnen. Die Leute sind tagsüber etwas anderes als um Mitternacht. Im Raufbold kann ein Monster, im Arzt ein Mörder stecken, die anständigen Bürger haben verbrecherische Doppelgänger, es gibt Zeitgenossen, die auf jegliche Moral pfeifen, es gibt Leute, die Drogen nehmen, um ihre Persönlichkeit zu verändern. Mit anderen Worten: Manche wollen böse *sein*. Stevenson malt ein London aus, das die Kategorien derjenigen überfordert, die sich für tugendhaft halten und die gesellschaftliche Ordnung für gottgegeben. London ist von Schotten bevölkert, die argwöhnisch Gin trinken, um ihre Neigung zu teuren Rotweinen abzutöten. Der Puritaner fühlt sich in der Großstadt unwohl: zu viele Verführungen, zu viele Figuren, die er in seine Weltsicht nicht integrieren kann, zu viel Sünde als Gestalt der Normalität. Während Friedrich Nietzsche 1886 über ein Jenseits von Gut und Böse nachdenkt, erfindet Stevenson ein Diesseits von Gut und Böse, das pharmazeutisch hervorgebracht wird und nur eingefangen werden kann, weil Dr. Jekyll es am Ende für genau so unerträglich hält wie die Opfer und erschreckten Zeugen seiner Existenz als Mr Hyde.

Bei *Dr. Jekyll and Mr. Hyde* gibt es einen Mord, aber keinen Detektiv. Auf des Rätsels Lösung kommen die Bekannten des Täters, die sich Sorgen um Dr. Jekyll machen, Fragen stellen und in sein Geheimnis dringen. Doch dass es Bekannte gibt, denen am Täter etwas auffällt, ist unter den Umständen der modernen Großstadt ein Zufall. Sherlock Holmes ermittelt in einer Gesellschaft, in der von Bekannten nicht viel zu erwarten ist. Er ermittelt insofern auch gegen die achselzuckende Indifferenz der allermeisten angesichts von Verbrechen, die in ihrer Nähe geschehen. Der Privatdetektiv absorbiert diese Indifferenz, indem er zu seinem Beruf macht, was alle anderen überfordern würde und was die Polizei aufgrund ihrer rechtlichen wie intellektuellen Beschränkungen nicht leisten kann.

Die Kriminaltechnik war damals noch ganz in ihren Anfängen, weswegen sich der Privatermittler Holmes der Polizei noch überlegen fühlen konnte. Er steht zwischen Stevensons Hoffnung, Mr Hyde lasse sich durch die moralische Gemeinschaft der Freunde Dr. Jekylls überführen, und der modernen Polizeiorganisation. Holmes ist also eine Übergangserscheinung, das Versprechen, das er den Lesern gibt, ist das einer individuellen Antwort auf die Fragen, die uns Verbrecher stellen. Das verleiht der Detektivliteratur einen sentimentalen Zug. Wir genießen, was längst überholt ist. Denn seit den Zeiten von Holmes haben Wissenschaft und Technologie derartige Sprünge gemacht, dass die Täter gegen Spurensicherungsteams, Labors, Pathologen und Datenbanken antreten. Und das fast chancenlos. Die Aufklärungsquote bei Mord und versuchtem Mord liegt in Deutschland derzeit bei mehr als 90 Prozent.

Dupin, Bell, Stevenson – die drei Väter von Sherlock Holmes weisen in unterschiedliche Richtungen. Von Dupin hat er die Beschäftigung mit der Frage, was Intelligenz ist und wodurch sie sich beweist. Joseph Bell hat ihm das Pensum hinterlassen, empirisch an einzelnen Fällen darzulegen, was mittels genauer Beobachtungen von Spuren erschlossen werden kann. Und Stevenson hat die fundamentale Ungewissheit der mo-

Kleine Chronik der Ermittlungstechniken

1609 François Demelle legt die erste Studie zu Handschriften und ihren Fälschungen vor.

1773 Der Nachweis von Arsen in Leichen durch Carl Wilhelm Scheele.

1835 Henry Goddard kann anhand einer Kugel bestimmen, aus welcher Waffe sie kam.

1891 Die erste kriminaltechnische Anwendung der Daktyloskopie, der Identifizierung einer Person durch ihre Fingerabdrücke.

1895 Die erste Untersuchung über die Verteilung von Blutspritzern nach einem Schlag auf den Kopf.

1901 Entdeckung des Blutgruppen-Systems durch Karl Landsteiner.

1927 Philip Gravelle und Calvin Goddard entwickeln das erste Vergleichsmikroskop zur Identifikation von Kugeln.

1930 Der erste Schmauchspurtest wird durchgeführt, und zwar in Mexiko.

1936 Erste Bestimmung des Todeszeitpunktes durch Madenbefall in Schottland.

1987 Erste Überführung eines Mörders durch den von Alec John Jeffreys entwickelten genetischen Fingerabdruck.

dernen, großstädtischen Person artikuliert, von der wir nicht genau wissen, wer sie ist, ob wir uns auf sie verlassen können oder ob sie sich nicht als jemand ganz anders herausstellt, als wir erwartet haben. Die Kombination dieser drei Tendenzen – die Intelligenz, die Empirie, die unheimliche Stimmung – führte zum berühmten Detektiv und seinen Fällen.

Der »Consulting Detective«

Der Privatdetektiv ergänzt die Polizeiarbeit. Wenn die wacke-ren, aber zu konventionell denkenden Inspektoren Lestrade, Gregory und Gregson von Scotland Yard nicht weiterkom-men, hat Holmes seinen Auftritt. Oft spottet er ein wenig über sie, sein wichtigster Einwand gegen ihre Ermittlungen lautet, sie würden ohne Phantasie, ohne Sinn für das Mögliche durch-geführt. Doch sie haben eine gemeinsame Perspektive auf die Wirklichkeit. Für beide, den Kriminalkommissar wie den Pri-vatdetektiv, ist Misstrauen ihr Beruf.

Das teilen sie mit anderen ermittelnden Tätigkeiten, die in den Jahrzehnten vor 1900 aufkommen, wie dem investigati-ven Journalismus, der Spionageabwehr, der Psychoanalyse oder der Soziologie. Sie alle vermuten, die Wirklichkeit zeige sich nicht ganz, es werde ständig etwas absichtlich verborgen, es gebe Hinterbühnen, auf denen es anders zugeht als auf den Vorderbühnen der Gesellschaft.

Drei Fragen sind also zu beantworten:

(1) Wie kommt es zur Etablierung eines eigenständigen Poli-zeisystems?

(2) Weshalb wird es seit Mitte des 19. Jahrhunderts durch Privatdetektive ergänzt?

(3) Wie verhält sich der »Consulting Detective« Holmes am Ende des 19. Jahrhunderts zu dieser Situation der Polizeiarbeit?

Kriminalpolizisten gibt es in England erst seit 1842. Zuvor hatte der Staat die Ermittlungsarbeit in Verbrechensfällen, die unterhalb der Schwelle zu staatsgefährdenden Taten oder prominenten Morden lagen, jahrhundertelang meistens an seine Bürger abgegeben. Sie hatten Zeugen und Indizien beizubringen, Verhöre zu führen, einen Prozess anzustrengen. Unter diesen Umständen verwundert es nicht, wenn vor allem Straftaten gegen wohlhabende und juristisch beratene Personen vor Gericht kamen. Der Strafjustiz selbst ging es mehr um die drastische Bestrafung weniger Täter als um die homogene Aufklärung aller begangenen Straftaten. Ein Teil der Polizeiarbeit wurde von nebenberuflich und unentgeltlich tätigen Constables übernommen, die auch Steuergelder eintrieben, Fremde kontrollierten, Schlägereien in Kneipen zu beenden hatten. Man lebte im sprichwörtlichen »Nachtwächter-Staat«.

Solange die Polizisten als Amateure aus der Bürgerschaft rekrutiert werden, überträgt das die Normen der lokalen Gemeinschaft auf die Polizeiarbeit. Sie lebt in einem Wertekontinuum. Man kann den Konstabler als Polizisten, als Einzelhändler, der er tagsüber ist, und als Nachbarn ansprechen. Und der Konstabler weiß, dass er nach einer Zeit wieder Einzelhändler und Nachbar sein wird, weswegen er schon als Polizist darauf achten muss, sich später in diesen Rollen wieder sehen lassen zu können. Wenn Sherlock Holmes also sagt, im Grunde sei jedermann verdächtig, so ist das ein Satz, der schon die Spezialistenrolle des Polizisten voraussetzt. Denn »jedermann« heißt: auch der Großgrundbesitzer, auch der Pfarrer, auch der Kumpel vom Stammtisch, auch der angesehene Hutmacher. Ein Konstabler müsste es sich im Vergleich dazu gut überlegen, sie alle zu verdächtigen.

Aus Sicht der Ermittlung ist das einerseits ein Nachteil, weil dann stets mit Rücksicht auf andere als strafrechtliche Normen ermittelt wird. Fremde werden härter behandelt als Einheimische, Angehörige der Unterschicht härter als die Mitglieder der guten Gesellschaft. Andererseits haben die Bürgerpolizisten viele Kontakte in der Gemeinde, sehen Konflikte oft im Vorhinein, kennen die üblichen Verdächtigen. In der Figur der Miss Marple wird später dieser Aspekt der Ermittlungsstärke durch lokales Wissen aufgenommen und auf eine allgemeinere Ebene gehoben: Miss Marple kennt eventuell nicht persönlich den Kreis der Tatverdächtigen, aber sie kennt durch lange Beobachtung des dörflichen und kleinstädtischen Lebens die Charaktertypen dieses Lebens. Sie hat vieles schon einmal gesehen und weiß darum, worauf sie achten muss, wenn ihr ein neuer Fall begegnet.

Sherlock Holmes und Scotland Yard ermitteln aber in der großstädtischen Welt einander zumeist Fremder, in der Personenkenntnis nicht viel hilft. Seine Klienten sind Holmes so gut wie immer Unbekannte, was natürlich auch daran liegt, dass er selbst keinen Freundeskreis hat. Diese urbane Situation entsteht im 17. Jahrhundert. London hat im Jahr 1600 schon 200 000 Einwohner, 1650 sind es 350 000, 1805 wird die Millionengrenze überschritten sein, und zur Zeit von Sherlock Holmes ist London mit mehr als sechs Millionen Einwohnern die größte Stadt der Welt.

Entsprechend steigen die Straftaten, vor allem im Bereich von Raub, Einbruch und Diebstahl. Verarmte Soldaten und arbeitslose Seeleute wissen sich oft nicht anders zu helfen. Die staatliche Antwort ist zunächst jedoch nicht die Einrichtung einer Polizei, die als dem englischen antityrannischen Geist der Liberalität unangemessen empfunden wird, sondern die Erhöhung der Belohnungen für sachdienliche Hinweise auf die Täter. Mitunter betragen sie das Vielfache des Jahreseinkommens von Handwerkern. Dadurch entsteht, ganz marktwirtschaftlich, schon im 17. Jahrhundert ein eigener Erwerbszweig der Kopfgeldjäger mit guten Kenntnissen des Verbrechermilieus. Das Problem war nur, dass die Kopfgeldjäger selbst diesem Milieu entstammten, Kontakte zu ihm unterhielten und im Grenzbezirk des Verbrechens, in Kneipen, Bordellen und Pfandleihen arbeiteten.

Das konnte zu paradoxen Biografien führen, wie der in *The Valley of Fear (Das Tal der Angst)* erwähnte Fall von Jonathan Wild zeigt. Wild war Chef einer Diebesbande, deren Beute er den Behörden auslieferte, um die dafür vorgesehenen Belohnungen zu kassieren. So umging er die Hehler und das Risiko, über deren Geschäfte zurückverfolgt werden zu können. Außerdem nutzte Wild Raubgut in Form von Briefen, Tagebüchern, Schuldverschreibungen, um die Beraubten zu erpressen. Sich selbst als Ermittler stilisierend, verpfiff er konkurrierende Banden oder Abweichler seiner eigenen. Er operierte also auf beiden Seiten des Verbrechens und bezeichnete sich als »Thief Taker General of Great Britain and Ireland«, als den Hauptdiebesfänger der Nation. Als ihn die Londoner Stadtverwaltung um Rat in der Verbrechensbekämpfung bat, war seine Empfehlung naheliegenderweise, die Belohnungen für die Ergreifung der Täter zu erhöhen.

Am Ende hängt Jonathan Wild 1725 mit 42 Jahren am Galgen, man war ihm draufgekommen, halb London schaut der

Hinrichtung zu. Daniel Defoe und Henry Fielding schreiben seine Biografien, in Bertolt Brechts Dreigroschenoper ist er über John Gays *Beggar's Opera* von 1728 als Mr Jonathan Peachum eingegangen. Der soziologische Ertrag dieses Lebenslaufes ist die Einsicht, dass die Grenze zwischen Verbrecher und Polizist diffus sein kann, weil die beste Kenntnis von der Unterwelt ihre eigenen Mitglieder haben. Das zeigt sich später auch in der Gründung der Pariser Polizeibehörde Sûreté, die ihren ersten Chef in Eugène François Vidocq hat, der 1809 als Verbrecher der Polizei seine Dienste als Spitzel anbietet, um 1811 unter Napoleon Bonaparte dann der oberste Polizist Frankreichs zu werden.

Es war also ein langer Weg, um eine Polizeiarbeit zu etablieren, die professionell unabhängig von den lokalen Gemeindenormen und Statuszuschreibungen sowie unabhängig vom Milieu der Verbrecher operiert hat. Die detektivische Tätigkeit musste sowohl aus den moralischen Gemeinschaften vor Ort wie aus den Netzwerken der Straftäter herausgelöst werden. 1829 wird die Metropolitan Police von London etabliert und erhält ihren Namen bald aufgrund des Haupteingangs ihres Hauptquartiers in der Straße »Great Scotland Yard«.

Damit hatte man die Polizei. Wie kam es nun zum literarischen Gedanken, sie bedürfe der Ergänzung durch Privatdetektive? Zwei Gesichtspunkte sind hier wichtig:

Zum einen die Frage, in welchen Milieus ermittelt wird. Die Kontakte der Polizei in die Unterwelt waren willkommen. Doch wie sollten Verbrechen untersucht werden, die nicht in ihr, sondern in der guten Gesellschaft stattfanden? Der Polizeibeamte kam bestenfalls aus der Mittelschicht: Wie sollte er in der Welt der Barone und Großgrundbesitzer, der Ladys und Sirs Verhöre durchführen? Was würden sich diese Eminenzen denn von Leuten gefallen lassen, die weder Eton noch Cambridge je von innen gesehen hatten? Die Klassengesellschaft war ein Ermittlungshindernis.

Am direktesten hat Dorothy L. Sayers dieses Problem gelöst, indem sie ihren Detektiv, Peter Wimsey, selbst einen Lord sein ließ. Andere Detektive mit adligem Hintergrund sind Philo Vance und Albert Campion. Weiter Lösungen sind der ausländische Detektiv (Hercule Poirot), der anerkannte Pfarrer (Father Brown) oder die harmlose Nachbarin, die wirkt wie die Vorsitzende des lokalen Häkelklubs (Miss Marple).

Der andere Gesichtspunkt, der den Privatdetektiv ins Spiel bringt: Es gibt Fälle, die der Diskretion bedürfen. Der Täter soll ermittelt werden, aber die Öffentlichkeit soll nichts vom Tathergang erfahren. Denn es sind peinliche Vorgänge im Spiel, Erpressungen, moralisch zweifelhaftes Verhalten auch der Opfer des Verbrechens, oder man möchte aus politischen Gründen nicht, dass darüber geredet wird. Gleich die erste Kurzgeschichte mit Holmes, *A Scandal in Bohemia* (*Ein Skandal in Böhmen*), ist von dieser Art. Die Polizei kann diese Diskretion jedoch nur begrenzt wahren. Sie ist Teil des öffentlichen Dienstes. Also entsteht ein Bedürfnis nach privater Ermittlung.

Der Privatdetektiv bedient also eine doppelte Nachfrage: Er tritt als Angehöriger derselben Schicht oder als Belgier auf, an den man sich wenden kann, weil er keine Nähe zum Verbrechermilieu unterhält, die Manieren und Bedürfnisse der Oberschicht kennt, diskret auftritt und vernünftiges Englisch spricht. Außerdem behält er vieles, was ihm im Zuge der Ermittlung bekannt wird, für sich. Dass er so gut wie keine Freunde hat, kommt als erfreuliches Merkmal hinzu. Er ist keinen Normen öffentlicher Kommunikation unterworfen, man muss nicht befürchten, dass alles, was er herausgefunden hat, anderntags in der Presse steht.

Damit kommen wir zur letzten Frage: Wie verhält sich das alles bei Sherlock Holmes? Seine Schichtherkunft ist unbestimmt, aber da er Violine spielt, mittelalterliche Handschriften lesen kann, an einer Abhandlung über Orlando di Lassos Motetten sitzt und flüssig Latein liest, darf eine bildungs- und womöglich großbürgerliche Herkunft vermutet werden. Er wahrt Distanz sowohl gegenüber der Polizei als auch gegenüber der Öffentlichkeit. Kontakte zur Presse, die über das Zeitunglesen hinausgehen, hat er keine. Wiederholt teilt Dr. Watson mit, bestimmte Fälle könnten nicht erzählt werden, weil es die Diskretion verbiete (sein Bruder Mycroft scheint ein hoher Regierungsbeamter zu sein). Mitunter lässt Holmes Straftäter auch laufen. Ihm ist es darum zu tun, den Fall zu klären, und erst in zweiter Linie, eine Verurteilung zu erwirken. In keinem der Fälle gibt es einen Kontakt des Detektivs zur Staatsanwaltschaft oder zu Richtern. Sherlock Holmes ist kein Teil der Judikative.

Dennoch nimmt Holmes keine Rücksichten auf den Status der Verdächtigen oder Täter. Er ermittelt gegen Adlige genauso kühl wie gegen Kleinbürger, gegen Einheimische nicht weniger rücksichtslos als gegen Ausländer. Denn er betreibt die Polizeiarbeit professionell und nicht in den Diensten einer moralischen Gemeinschaft. Dazu ist er viel zu sehr Künstler. Was ihn empört, sind nicht Verstöße gegen »law and order«, sondern die freche Behauptung der Verbrecher, es komme ihnen niemand drauf.

Baker Street 221B

My home is my castle – das legt nahe, dass draußen Unordnung herrscht und drinnen Ordnung. Tatsächlich, so hat Gilbert K. Chesterton notiert, ist es genau umgekehrt. Man muss sich gegen die zudringliche Ordnung schützen. »Das Zuhause ist der einzige unzivilisierte Ort in einer Welt der Zwänge und Pflichten.« Draußen kann man nicht im Morgenmantel herumlaufen, nachts Violine spielen oder in die Wände schießen.

Zu Lebzeiten von Sherlock Holmes und Arthur Conan Doyle gab es in London keine 221B Baker Street, die Baker Street ging nur bis Hausnummer 85, also bis zur Ecke Paddington Street. Wie der Autor gerade auf diese Nummer gekommen ist, die heute vier Querstraßen weiter nördlich liegt? Das B, das anzeigt, dass Holmes und Watson nur eine Hälfte des Hauses bewohnen, so wird spekuliert, ist der eine Buchstabe, der im Kürzel »ACD« für Arthur Conan Doyle fehlt. Der 221, die wie eine Primzahl aussieht, aber in 13 mal 17 zerlegbar ist, hat sich hingegen trotz aller Anstrengungen des *Baker Street Journal*, kein symbolischer Sinn abgewinnen lassen. Es ist mathematisch keine auffällige Zahl, hat aber einen sehr einprägsamen Rhythmus: Two, two, one, B, Baker Street.

Die Wohnung von Holmes lag also im Nirgendwo. Heute prangt das Schild 221B am Haus von »The Sherlock Holmes Society of London«, die aber tatsächlich in 239 Baker Street residiert und erst nach 15 Jahre währenden Streitigkeiten mit dem Stadtbezirk von Westminister das Recht erhielt, aus der Hausnummernreihe zu fallen. Das Haus, das seit den 1930er-Jahren die Nummer 221 hat, gehörte lange der Abbey Road Bank, die inzwischen von der Bank Santander aufgekauft wurde. Heute sind die Immobilien von 215 bis 237 Baker Street im Besitz der Tochter eines kasachischen Ex-Präsidenten.

Baker Street 221B ist in den Geschichten des Kanons eine Höhle, in deren Mitte sich das Arbeits- und Sprechzimmer von Holmes befindet. Die Vermieterin, Mrs Hudson, eine vermutlich aus Schottland stammende Witwe, wird stets nur am Rande erwähnt, zum ersten Mal in *The Sign of the Four* (*Das Zeichen der Vier*), wonach ihr Name sich in *A Scandal in Bohemia* (*Ein Skandal in Böhmen*) kurzzeitig in »Mrs Turner« verwandelt – einer der vielen kleinen Fehler Dr. Watsons. In den Illustrationen des *Strand Magazine* wird Mrs Hudson nicht gezeigt. Entsprechend schießen die Spekulationen über sie ins Kraut, obwohl wir nicht viel mehr wissen, als dass sie Frühstück machte und hin und wieder einen Klienten hereinführte, obwohl sie die »landlady« war und die Wohnung zu einem »fürstlichen Preis« vermietete, also keine Bedienstete. Wir können darum auch ausschließen, dass sie die »Martha« ist, die Holmes nach seinem Rückzug aus den Geschäften in Sussex den Haushalt führt (in *The Lion's Mane* bzw. *Die Löwenmähne* und *The Final Problem* bzw. *Das letzte Problem*), was manche Amerikaner, bar jeden Sinns für den Status von Personal, vermutet haben: Eine britische Landlady würde von ihren Mietern niemals mit ihrem Vornamen angesprochen.

Holmes ist kein idealer Mieter. Er führt in der Wohnung chemische Experimente durch, hat dubiose Besucher, feuert wie gesagt ab und zu mit einer Pistole in die Wand. Die Wohnung dient ihm als geistige Camera obscura, getreu der Überzeugung, man sehe durch den Rückzug aus der Wirklichkeit oft mehr, als wenn man sich ihr auf den Straßen der Stadt ausliefere. Baker Street 221B ist der Ort, an dem die Fälle beginnen, und oft auch der, an dem sie enden. Die Adresse ist ein Ruhepol und trägt insofern dazu bei, dass sich die Leser in ihnen und in der »wilden Häuslichkeit« (Chesterton) des Detektivromans zu Hause fühlen können. Wir lesen den Roman oft unter Umständen, die denen ähneln, unter denen in ihm ermittelt wird. Denn Lesen heißt, von zu Hause aus die Welt zu erkunden. Baker Street 221B ist dieses Zuhause.

Deduktion, Induktion, Abduktion

»Was nie geschrieben wurde, lesen.« (Hofmannsthal) Holmes wird von Watson mehrfach als Jäger oder Jagdhund in der Wildnis der Großstadt bezeichnet, der den Verbrechern nachsetzt, indem er die Spuren deutet, die sie hinterlassen haben. Was dem Jagdhund die Witterung ist und für den Jäger die Deutung abgebrochener Äste oder Fußspuren, ist für Holmes der Verstand. Er hat eine Methode des Schlussfolgerns ausgebildet, die in jeder Fallgeschichte neuerlich unter Beweis gestellt wird. Er selbst nennt sie die Wissenschaft der Deduktion. Eine seltsame Bezeichnung, wie wir gleich sehen werden.

Berühmt ist die Szene am Anfang von *A Study in Scarlet* (*Eine Studie in Scharlachrot*), in der er aus wenigen Körpermerkmalen des ihm soeben vorgestellten John Watson auf dessen militärische Vergangenheit im zweiten britischen Afghanistan-Krieg schließt. Die Deduktion beginnt mit einer Beobachtung. Beobachten heißt für Holmes: reflektiert wahrnehmen. Man müsse wissen, wohin man schaut und wonach man Ausschau hält (»where to look and what to look for«). An Watson, der ihm als Arzt vorgestellt wurde, nahm er die militärische Haltung wahr – also ein Armeearzt. Gebräuntes Gesicht, aber weiße Haut oberhalb der Handgelenke – also nicht

37

von Natur aus, sondern in den Tropen gebräunt. Das ausgezehrte Gesicht lässt auf eine Zeit des Leidens schließen, die steife Armhaltung auf eine Verletzung – wo, wenn nicht in Afghanistan, könnte er sie davongetragen haben?

Beispielsweise im ersten Burenkrieg von 1880/81. Er hätte auch in Indien oder Birma stationiert gewesen sein können, es gab damals viele Möglichkeiten, für britische Militärärzte von der Sonne gebräunt und von Feinden verletzt zu werden. In der BBC-Serie *Sherlock* heißt es mit aktuellem Anlass an der entsprechenden Stelle: »In Afghanistan oder im Irak«. Das, was Holmes Deduktion nennt, beruht mithin auf Wahrscheinlichkeiten, nicht auf zwingenden Schlüssen.

In anderen Fällen schließt er aus der Form abgeschnittener Ohren, die denen einer Beteiligten gleichen, auf ein Verwandtschaftsverhältnis. Oder von roter Erde an den Schuhen des Gegenübers auf einen Aufenthalt beim Postamt, wo gerade die Straße erneuert wird, und auf das Absenden eines Telegramms, weil das Gegenüber den ganzen Morgen nichts geschrieben hatte und auch mit Postkarten und Briefmarken bevorratet war. Also keine Briefpost, keine Postkarten, die in den Briefkasten eingeworfen worden wären, mithin ein Telegramm, für das er zum Postamt gehen musste.

Beobachten heißt also, kleine Abweichungen vom Durchschnitt, individuelle Merkmale wahrzunehmen und von ihnen zurück auf ihre Ursachen zu schließen. Dabei geht es fast immer um unwillkürlich auftretende Merkmale oder unwillkürliche Handlungen. Denn die willkürlichen könnten ja stets zur Verdeckung eingesetzt sein, ihnen kann man bestenfalls die Absichten des Gegenübers entnehmen, aber nicht das, »was dahintersteckt«. Holmes ist ein Spezialist für solche Details: Zigarettenaschen, Abdrücke an Ärmeln, Staub am Kniebereich der Hose. An Wissen, das nichts zu seinen Ermittlungen beiträgt – etwa an astronomischem, literarischem, politischem oder philosophischem Wissen –, hat er dagegen kein Interesse. Seine liebste Disziplin ist die Chemie.

Nahezu rituell macht Holmes seine Klienten zu Beginn des Kundengesprächs mit seiner Fähigkeit des Schlussfolgerns bekannt, indem er ihnen, die ihm völlig unbekannt sind, auf den Kopf etwas über deren eigenes Leben zusagt. Das soll bei ihnen wie bei den Lesern für Vertrauen in sein Vorgehen sorgen und demonstrieren, dass ihm die Wirklichkeit auf ihre Ursachen transparent ist. »Ich vermute nie«, ist sein Motto. Doch das ist falsch, Holmes vermutet nur besser und schneller als alle anderen.

Dass er seine Methode »Deduktion« nennt, ist insofern eine Übertreibung der Gewissheit seiner Schlüsse. Denn was ist eine Deduktion? Das klassische Beispiel ist diese Schlussfolgerung:

Alle Menschen sind sterblich.
<u>Sokrates ist ein Mensch.</u>
Also ist Sokrates sterblich.

Etwas Besonderes (Menschen) fällt unter einen allgemeinen Begriff (sterbliche Wesen), also fällt ein einzelner Fall des Besonderen (Sokrates) auch unter das Allgemeine. Und zwar zwingend, wie es heißt. Nehmen wir ein ebenso berühmtes wie einfaches Beispiel aus dem Kanon, das des Hundes im Rennpferdestall von *Silver Blaze* (*Silberstern*). Alle Hunde bellen, wenn sich ein Unbekannter nähert. – Der Hund bellte nicht. – Also hatte sich ein Bekannter genähert.

Das Gegenstück zur Deduktion ist die Induktion. Diese

Form des Schlussfolgerns setzt beim Einzelfall an, über den zwei Aussagen getroffen werden:

> Sokrates ist ein Mensch.
> <u>Sokrates ist sterblich.</u>
> Also sind Menschen sterblich.

Aber halt, vielleicht gibt es doch einen, der, anders als Sokrates, unsterblich ist. Für die antiken Griechen mit ihrem Glauben an Halbgötter wäre das nichts Ungewöhnliches gewesen. Man müsste also *alle* Menschen in ihrer Sterblichkeit kennen und eine ›vollständige Induktion‹ zustande bringen, um den Schluss zwingend zu finden. Auf den Hund angewendet:

> Der Hund bellte nicht.
> <u>Es hatte sich ein Bekannter genähert.</u>
> Also bellen Hunde nicht, wenn sich Bekannte nähern.

Es sei denn, es gäbe Gründe für Hunde, auch Bekannte anzubellen, beispielsweise wenn sie unbekannte Gerüche tragen.

Schließlich gibt es noch den Schluss aufgrund von Analogie, bei dem das Allgemeine (sterblich sein) zweimal ausgesagt wird, einmal vom Besonderen, einmal vom Einzelnen:

> Alle Menschen sind sterblich.
> <u>Sokrates ist sterblich.</u>
> Also ist Sokrates ein Mensch.

Ja, aber vielleicht ist »Sokrates« auch der Name einer Gummiente oder eines EU-Raumfahrtprojekts. Sokrates *muss* also kein Mensch sein. Umgekehrt würden für uns sterbliche Elefanten samt einem sterblichen Sokrates aus diesem noch keinen Elefanten machen, es sei denn, wir wären Freunde Schopenhauers oder der indischen Philosophie, bei denen alle Wesen zusammenhängen und Sokrates insofern tatsächlich irgendwie auch ein Elefant ist. Also: Alle Hunde bellen Unbekannte an. – Es hatte sich ein Bekannter genährt. – Darum bellte der Hund nicht. Es sei denn, es gäbe noch andere Gründe für einen Hund, nicht zu bellen.

Die Schlussform der Analogie hängt eng mit Sherlock Holmes' Methode zusammen. 1880 wird sie von dem amerikanischen Logiker Charles Sanders Peirce neu interpretiert und als »Abduktion« bezeichnet. Eine Übersetzung dieses Begriffs könnte »Schließen aufgrund wahrscheinlicher Voraussetzungen und aufgrund des Ausschlusses unwahrscheinlicher Möglichkeiten« lauten. Holmes schließt bei seiner Telegramm-Deduktion aus, dass Dr. Watson sich im Postamt mit einem Freund getroffen oder eine postlagernden Brief abgeholt hat. Vielleicht wollte der sich aber auch nur die Architektur des Postamts anschauen. Unwahrscheinlich, aber wer weiß? Wären diese Möglichkeiten in einem Gerichtsverfahren von der Anklage ausgeschlossen worden, bestünde dort die Rolle der Verteidigung darin, sie mit einem »Könnte es nicht doch so gewesen sein …?« wieder in den Gerichtsraum zurückzuholen. Es ist insofern kein Zufall, dass Sherlock Holmes seine Deduktionen nie vor Gericht und gegenüber einem scharfsinnigen oder spitzfindigen Anwalt hat verteidigen müssen. Conan Doyle hat die Sphäre der Ermittlungen ganz bewusst von derjenigen der Gerichtsverfahren getrennt, in der alle Ermittlungsergebnisse noch einmal überprüft würden.

Die Abduktion operiert in einer Welt mehr oder weniger naheliegender Verwandtschaften. Es sind Verwandtschaften zwischen Elefanten und Philosophen, Philosophen und Menschen, Leuten, die Postämter besuchen, und solchen, die Telegramme aufgeben. Abduktiv zu schließen ist dann angemessen, wenn die Elemente der Wirklichkeit weder zwingend zusammenhängen noch von allgemeinen Gesetzen des Typs »Verbrecher können an ihrer Schädelform erkannt werden« oder »Der Mörder ist immer der Gärtner« regiert werden. Die moderne Gesellschaft kennt wenig Notwendigkeiten, und zugleich ist vieles, was in ihr als Zufall erscheint, nur nicht durchschaut.

Sherlock Holmes reagiert darauf mit einer Fülle von Maximen, die seine Methode bestimmen: Nicht sehen – beobachten. Beachte Kleinigkeiten. Erwäge die Möglichkeiten. Teste sie. Wenn alles andere ausgeschlossen ist, muss das, was übrig bleibt, die Wahrheit sein. Schließe nie aufgrund unvollständiger Information. Arbeite gegen die Vorurteile an. Lege dich nie zu früh auf eine Theorie fest. Nichts ist verführerischer als eine offenkundige Tatsache.

Vier gute Gründe für Dr. John Watson

Arthur Conan Doyle hat aus einer tatsächlichen Person, dem Arzt Joseph Bell, zwei literarische Personen gemacht: den Detektiv, der nach Art Bells Spuren liest, und den Chirurgen Dr. Watson, den Freund und Eckermann des Detektivs. Holmes spricht in Anlehnung an den Biografen des Schriftstellers Samuel Johnsons von »meinem Boswell«.

Berühmt geworden sind sie gemeinsam. Dr. Watson wurde zum Inbegriff des loyalen, alle Zumutungen durch seinen Freund gutherzig ertragenden Begleiters und zum Beleg dafür, dass Gegensätze sich anziehen. Denn das sind sie: gegensätzlich. Der eine schreitet voran, der andere zumeist hinterher. Der eine doziert, der andere schreibt Geschichten. Der eine beobachtet und schließt in hohem Tempo, der andere lebt lieber gemächlich.

Doyle hatte vier gute Gründe, die Figur Watsons in die Erzählungen einzuführen, ja ihm die Erzählstimme zu geben:

Erster Grund: Holmes will nicht nur Fälle lösen, sondern etwas demonstrieren, das er seine Methode nennt. Also braucht er jemanden, dem er sie demonstrieren kann: Watson. Ein Superheld hat es da leichter, er springt einfach aus dem 98. Stock, läuft grün an oder bewirft seine Gegner mit einem

"HOLMES PULLED OUT HIS WATCH."

Dr. Watson und Sherlock Holmes. Illustration zu *The Greek Interpreter* von Sidney Paget, *Strand Magazine*, 1893

Feuerwehrauto. Er braucht kein Gegenüber in der Erzählung, dem erklärt werden muss, was gerade geschieht. Denken hingegen hat keine Zuschauer, sondern bestenfalls Zuhörer. Holmes denkt, darum braucht er Watson. Holmes fühlt sich sogar inspiriert durch die Unzulänglichkeiten seines Gegenübers: »Es mag sein, dass Sie selbst keine Leuchte sind (you are not yourself luminous), aber Sie leiten das Licht (you are an conductor of light).« Das war als Kompliment gemeint.

Zweiter Grund: Der Reiz, nicht nur eine Person ermitteln zu lassen, sondern sie durch eine sie stets begleitende Nebenfigur zu spiegeln, die Kommentare zum Spezialisten machen kann, besteht in den Freiheitsgraden, die der Autor so gegenüber seinem Protagonisten gewinnt. Dieser Reiz dieser Konstellation ist bis heute nicht verflogen. Bei Colin Dexter und in den Verfilmungen seiner Romanserie um Inspector Morse beispielsweise hat Inspector Thursday den jungen Morse, und dieser hat später Sergeant Lewis als Assistenten, Lewis wiederum hat Hathaway, und wenn Hathaway Inspector geworden ist, begleitet ihn der pensionierte Lewis.

Dort allerdings sind es Situationen des Anlernens, die bei Holmes keine Rolle spielen, denn Watson wird niemals »Consulting Detective« werden. Doch die zweite Figur setzt die erste auch im Fall von Watson unter eine Seitenbeleuchtung: Der Ermittler mag ein Genie sein, aber er ist auch ein Mann, eine verletzbare Figur, jemand mit Gewissenslasten, mit kommunikativen Sperren, mit blinden Flecken.

Kammerdiener, heißt es in einem alten Sprichwort, kennen keine Helden, was man danach auch noch von Ehefrauen und Ärzten gesagt hat. Der amerikanische Kriminalschriftsteller Rex Stout hat 1941 sogar einmal einen Vortrag mit der These bestritten, Dr. Watson müsse eine Frau gewesen sein, weil er ständig wie eine leicht kopfschüttelnde Gattin über Holmes spreche. Watson macht sich Sorgen über den Kokainkonsum von Holmes, verwundert sich über seine literarische, politische und astronomische Unbildung, berichtet über seine Aufsteh- und Zubettgehzeiten. Diese Seitenbeleuchtung des Helden wird als Möglichkeit von Conan Doyle nicht in vollem Umfang genutzt, weil er Holmes als fast perfekte Figur angelegt hat, die nur in einer einzigen Rolle agiert und sich nicht in Widersprüche durch die Übernahme anderer Rollen oder das Arbeiten in einer Organisation verwickelt. Es war darum den Variationen auf Holmes und den Weiterverarbeitungen seiner Figur vorbehalten, solche Möglichkeiten stärker auszuschöpfen. An deren Ende steht gegenwärtig die amerikanische Fernsehserie *Elementary*, in der Dr. Watson tatsächlich eine Frau ist, allerdings – Lucy Liu spielt die Rolle – fürwahr keine Hausfrau.

Dritter Grund: Watson ist der Erzähler der Geschichten. Das erlaubt es, sowohl ihre Auswahl wie ihre Form ihm zuzurechnen. Mitunter beschwert sich Holmes, Watson berichte zu ausschmückend und fast im Stil der Zeitungen. Häufig erwähnt Watson Fälle, über die zu berichten die Diskretion gegenüber noch lebenden Akteuren verbiete oder zu denen er einfach noch nicht gekommen ist. »Die Vorgänge auf dem holländischen Dampfer Friesland« etwa, »Das sonderbare Vorkommnis mit der Aluminium-Krücke« oder »Die einzigartige Tragödie der Brüder Atkinson in Trinconmalee«. Im Kanon gehen die Erwähnungen solcher Falltitel in die Hunderte. Das erhöht den Anschein, dem Erzählten liege ein tatsächliches Geschehen zugrunde.

Der Einschub einer Erzählfigur zwischen Autor, Hauptfigur und Leser ist eine alte literarische Technik zur Erweckung dieser Illusion, vor dem Leser liege ein nichtfiktionaler Text. Gefundene Briefe, Tagebücher, Nachlässe, Berichte aus Akten spielen gerade im englischen Roman seit jeher eine bedeutende Rolle, von *Robinson Crusoe* über *Pamela* bis zu *Dracula*, den Romanen von Rider Haggard und dem ersten Kriminalroman überhaupt, *The Notting Hill Mystery* (*Das Mysterium von Notting Hill*) von Charles Warren Adams, der 1862 publiziert wurde und die Recherche eines Versicherungsagenten in einem Mordfall dokumentiert. Betrachtet man die Reaktionen vieler Leser, die ihn für eine lebendige Person hielten, ist die Rechnung im Fall von Sherlock Holmes aufgegangen.

Vierter Grund: Arthur Conan Doyle wird durch Dr. Watson auf elegante Weise den allwissenden Erzähler los, den es im Detektivroman nicht geben darf, weil das der aufwendigen Suche nach der Lösung des Falls widersprechen würde. Einzige Ausnahme: Die Erzählweise mit von Anfang an bekanntem Tathergang, wie wir sie aus Dostojewskis *Verbrechen und Strafe* – geschrieben aus der Sicht des Täters – und aus den Filmen der Polizeiserie *Columbo* kennen. Hier liegt die Spannung nicht darin, wer die Tat begangen hat, sondern ob die dem Publikum bekannten Verbrecher in einem Katz-und-Maus-Spiel gefangen werden können. Sonst aber gibt es den alles überschauenden Blick im Kriminalgenre nicht. Watson ist der mitwissende Betrachter, der Protokollant, der den Ermittlungen erstaunt folgt, und durch dieses Erstaunen ist er einer von uns.

Conan Doyle führt ihn als unglücklichen Menschen ein, wie es unter den ehemaligen Soldaten viele gegeben haben dürfte. Mitte 30, kriegsversehrt, »dünn wie eine Latte und braun wie eine Nuss«, verarmt und auf Wohnungssuche, jemand, der in England weder Freunde noch Verwandte hat. Keine Freunde in einer Stadt von 6,5 Millionen, in der er fünf Jahre zuvor studiert hatte! Einen Bekannten hat er dann doch, den er zufällig trifft – und die Verbindung zu Sherlock Holmes ist geschaffen. Von *The Speckled Band* (*Das gesprenkelte Band*) an, dem zehnten Fall des Kanons, ist er für Holmes dann nicht länger »Dr. Watson«, sondern »mein lieber Watson«.

Unterbrochen wird seine Zeit mit Holmes nur durch seine Ehen. Watson hat einen Blick für Frauen, ihre Figur und ihre Kleidung. In den Worten von Holmes: Er schaut gerne, aber beobachtet nicht. Verheiratet war er wohl – mit seinen verschiedenen Zeitangaben hat er die Forschung verwirrt – seit 1887 mit Mary Morstan, die er im Roman *The Sign of the Four* (*Das Zeichen der Vier*) kennengelernt hat, und danach etabliert er eine ärztliche Praxis in Paddington. Nach wenigen Jahren stirbt seine Frau 1891 an Tuberkulose; im selben Jahr, in dem auch Holmes angeblich zu Tode kommt. Nach der Auferstehung von Holmes kehrt Watson 1894 in die Baker Street 221B zurück, bezieht aber 1896 erneut eine eigene Wohnung (*The Veiled Lodger* bzw. *Die verschleierte Mieterin*), ohne jedoch dort zu praktizieren (*The Missing Three-Quarter* bzw. *Der verschollene Three-Quarter*), was auf eine zweite Heirat und ein damit verbundenes Vermögen schließen lässt. 1897 ist er jedoch schon wieder zurück in der Baker Street. Ist die zweite Frau, deren Name niemals fällt, also wieder so schnell gestorben? Merkwürdig. Im September 1902 nimmt Watson abermals eine eigene Wohnung, und im Januar 1903 bemerkt Holmes, Watson sei zu einer Gattin desertiert (*The Adventure of the Blanched Soldier* bzw. *Der erbleichte Soldat*). Merkwürdig allerdings, dass Watson selbst nie auf seine späteren Heiraten zu sprechen kommt. Die Holmes-Forschung zu diesem Thema hat einen enormen Umfang und keinerlei Erträge.

Ähnlich verhält es sich mit dem merkwürdigen Umstand, dass seine erste Frau ihn 1889 in *The Man with the Twisted Lip* (*Der Mann mit der entstellten Lippe*) einmal »James« nennt. Hier gibt es (wir folgen dem großartigen Kommentator Leslie

S. Klinger), die Kosenamen-Theorie: »James« wegen James Boswell. Oder die Geheimsprachen-Theorie: »James« habe ihm bedeutet, seine Frau und ihren Gast allein zu lassen. Immerhin hatte Watson den Fehler mit seinem Vornamen in keiner Ausgabe korrigiert! Es gibt die Herkunfts-Theorie: Dorothy L. Sayers meinte, in »John H. Watson« stehe »H.« für »Hamish«, den schottischen Namen für »James«. Es gibt die Ehespannungs-Theorie: Watson habe zeigen wollen, dass seine Gattin nicht einmal seinen Vornamen wusste. In der Nähe davon liegt die Rebecca-Theorie: Frau Watson habe ihn aus Versehen mit dem Vornamen ihres Ex-Ehemanns angesprochen, für den es sonst aber keinen Beleg gibt. Es gibt die Redakteurs-Theorie: Die Geschichten stammten nicht nur aus der Hand von Watson, der »James« verdanke sich einem anderen Editor. Hinzu kommt die Haustier-Theorie: Mit James sei gar nicht Watson, sondern sein Hund gemeint gewesen. Die Zwillings-Theorie: Es habe John und James Watson gegeben, der Erste sei früh verstorben und der Letztere dann in seine Rolle geschlüpft. Das erkläre auch, dass Watson angeblich in Afghanistan an der Schulter verletzt wurde, ein anderes Mal dann aber am Bein. Conan Doyle unterliefen des Öfteren solche kleinen Webfehler, die auszubügeln in der Forschung mit den abenteuerlichsten Hypothesen versucht wurde. Nicht zuletzt mit der Fehlleistungs-Theorie, Mary Watson habe in jenem Augenblick nicht an John gedacht, sondern an James Moriarty. Doch das wäre besonders bitter gewesen, und darum schließen wir es aus. Denn es gibt keinen größeren Gegensatz zum »Napoleon des Verbrechens«, wie Holmes den Professor Moriarty nennt, als Dr. John Watson, den gutmütigen Petit Bonhomme aus der Baker Street 221B. Unter allen Kammerdienern ist er der treueste.

Mycroft und Enola

Die Welt von Sherlock Holmes ist männlich bestimmt. Mehrheitlich sind Männer die Täter, Männer klären die Fälle auf, es herrscht in den guten Kreisen, in denen man sich über die Fälle verständigt, die Atmosphäre eines Clubs, in dem sich Männer treffen, die zuvor in »Public Schools« und danach auf Colleges als Jungs erzogen worden sind.

Frauen sind entweder Opfer, Bedienstete oder andere Nebenfiguren. Eine bedeutende Rolle kommt ihnen in dieser Welt nur selten zu.

Sherlock Holmes ist nicht verheiratet. Das teilt er mit vielen berühmten Detektiven wie Hercule Poirot, Father Brown, Nero Wolfe, aber auch Lord Peter Wimsey, mit dessen Hochzeitsreise die Serie seiner Fälle endet. Sam Spade und Philip Marlowe haben Affären, aber das ist es auch schon (obwohl Letzterer in einem Fragment gebliebenen Roman sich mit dem Ehealltag auseinandersetzen muss). Miss Marple wiederum, die ebenfalls nicht verheiratet ist, deutet darauf hin, dass selbst dort, wo einer Frau die Detektivrolle zugetraut wird, die Ehe eine literarische Hypothek für die Konstruktion von Ermittlern bleibt, die ungern aufgenommen wird.

Das gilt unabhängig davon, ob die Detektive als Rätsellöser

in Oberschichten oder als Überlebenskünstler im Verbrecher-milieu ermitteln. Fast möchte man die Gleichung aufstellen, der Detektiv sei zumeist erst dann verheiratet, wenn er Beamter ist, also Maigret heißt oder Columbo, Kurt Wallander oder Martin Beck. Nimmt man die Kommissare des *Tatorts* hinzu, ist der Familienstand ebenfalls überzufällig oft »geschieden«. Glück in der Liebe scheint Glück in der Fahndung meistens auszuschließen. Oder umgekehrt: Der Spezialist versagt in anderen seiner Rollen, die intensive Zuwendung erfordern, weil seine Fähigkeit dazu durch seinen Beruf schon aufgebraucht ist. Das würde erklären, weshalb der verbeamtete Ermittler heiraten kann: weil er Dienstzeiten und auch sonst einen bürgerlichen Rahmen für seine Tätigkeit hat.

Holmes, heißt es schon früh in der Forschung, sei misogam (ein Ehehasser, aber nicht misogyn, kein Frauenhasser). Aus seiner Abneigung gegen die Ehe wurde sogar geschlossen, er sei schon einmal verheiratet gewesen, denn wie hätte er sonst wissen können, was ihm in einer Ehe drohte?

Das war vielleicht nicht messerscharf gedacht. Zu ahnen, dass die Ehe eine gefährliche Sache ist, dazu hätte die Lektüre von Emily Brontës *Wuthering Heights* (*Sturmhöhe*) genügt.

Doch die Tatsache, dass Holmes selbstständig und ehelos arbeitet, vermag allein noch nicht zu erklären, dass er kaum emotional gefärbte Beziehungen unterhält. Sherlock Holmes, so formuliert es Dr. Watson in *The Greek Interpreter* (*Der griechische Dolmetscher*), sei eine »isolierte Erscheinung«, ein Hirn ohne Herz, dessen Intelligenz auf Kosten seiner Fähigkeit zur Sympathie lebe, avers gegen Frauen, unbegabt für Freundschaft.

Im Einzelnen stimmt das nicht. Gerade seine Beziehung zu Dr. Watson muss eine Freundschaft genannt werden, und gegenüber Irene Adler aus *A Scandal in Bohemia* (*Ein Skandal in*

Böhmen), die er »die Frau« nennt, ist Holmes alles andere als avers. Pech nur und Reiz zugleich, dass sie zu den Bösen gehört.

Watson hat jedoch insofern recht, als Holmes eine »sozio-fugale« Person ist, ein »high-functioning sociopath«, wie es in der Holmes-Verfilmung mit Benedict Cumberbatch heißt. Etwas schwächer wird es im Kanon formuliert: »I was never a very sociable fellow.« Er ist geselligkeitsflüchtig, Partys sagen ihm nichts.

Was könnten sie ihm auch sagen? Baker Street 221B ist eine Höhle, ein Rückzugsort. Er geht nie aus, obwohl es in London zahllose Einladungen gegeben haben dürfte. Aus den Fällen bleiben kaum Bekanntschaften hängen. Die Spaziergänge mit Watson erfolgen nach dem Muster von Auguste Dupin bei Edgar Allan Poe in stundenlangem Schweigen. Mit Victor Trevor, der ihn in *The Adventure of the Gloria Scott* (*Die Gloria Scott*) 1875 zu seinem ersten Fall führt, hat er sich im College ausdrücklich auch deshalb angefreundet, weil Trevor selbst keine Freunde hat. »It was a bond of union when I found that he was as friendless as I.« Liegt hierin der Anspruch auf die ungeteilte Aufmerksamkeit eines Freundes?

Watsons Heirat wird gleichwohl kommentarlos toleriert. Insofern scheint eher das Bedürfnis nach Diskretion in Holmes' Erwartung zu stecken, der Freund möge seinerseits keine Freunde haben. Nicht zuletzt besteht die Rolle von Watson darin, die Berichterstattung über Holmes auf einen einzigen Autor zu beschränken. Das, was später die »Baker Street Irregulars« in ihrem Forschungsmagazin zu Holmes betrieben haben, die entgrenzte Beobachtung und Beschreibung jedes Details im Leben und Werk des Detektivs, wird in den Geschichten selbst verhindert. Es gibt nur einen Erzähler seines Wirkens, und der ist ein Freund.

Der einsame Holmes hat aber einen Bruder. Mycroft Holmes, benannt nach einem zeitgenössischen Cricketspieler, William Mycroft, ist sieben Jahre älter als der Detektiv und höherer Beamter. Erwähnt wird er im Kanon mehrmals, in *The Greek Interpreter (Der griechische Dolmetscher)*, *The Empty House (Das leere Hau«)*, *The Final Problem (Das letzte Problem)* und in *The Adventure of the Bruce-Partington Plans (Die Bruce-Partington-Pläne)*. Von den Eltern des Brüderpaars ist kaum die Rede, nur der Name der Großmutter, einer Schwester des französischen Malers Horace Vernet, wird mitgeteilt.

Mycroft ist antriebsarm, korpulenter als Sherlock, ohne Energie, wie es heißt, aber genauso deduktionsstark, wenn nicht sogar deduktionsstärker als sein Bruder. Er arbeite für die Regierung, ja in gewissen Momenten *sei* er die Regierung. Arthur Conan Doyle zeigt hier einen Weg auf, den er selbst nicht weiter beschritten hat: die Tätigkeit der überragenden Intelligenz für den Staat. Und weil er diese Möglichkeit nur andeutet, aber nicht weiterverfolgt, hat Bruder Mycroft die postsherlocksche Phantasie stark beschäftigt. Der legendäre Basketballspieler Kareem Abdul-Jabbar von den Los Angeles Lakers beispielsweise hat nach seiner Karriere als Sportler drei Romane mit Mycroft als Detektiv geschrieben, die einsetzen, bevor Sherlock Holmes seine Tätigkeit aufnimmt, in der Karibik spielen und einen Dr. Watson aus Trinidad haben, den Tabakhändler Cyrus Douglas, der Mycroft allerdings das Wasser reichen kann.

Zuletzt ist eine Schwester hinzugekommen, Enola Holmes, die in zwei reizenden, aber von den Erben Conan Doyles erfolglos angefochtenen Verfilmungen nach den Romanen von Nancy Springer – inzwischen gibt es acht davon – ihren Auftritt hat. Enola, rückwärts »Alone«, wird von ihrer Mutter auf dem Land im Kampfsport, Eigensinn und frauenrechtlichen Geist erzogen. Sie entflieht ihrem Vormund Mycroft, der sie in eine Erziehungsanstalt stecken will – keine viktorianische Geschichte ohne Mädchenpensionat –, kommt nach London, findet dort ihre zu den Suffragetten davongelaufene Mutter und löst den Fall des ermordeten Lord Tewksbury noch vor ihrem Bruder. Im zweiten Film hat sie dann schon eine eigene Privatdetektei und ermittelt im Fall eines während des Matchgirls' strike verschwundenen Arbeitermädchens. Originell war die Begründung, weshalb die Filme eine Urheberrechtsverletzung darstellen sollen, obwohl Holmes doch schon 1886 erfunden wurde: Der zu Emotionen fähige Holmes, den der Film zeige, sei eine Variante, die Conan Doyle aufgrund des Ersten Weltkriegs erst nach 1923 entwickelt habe, also liege noch immer ein Urheberrecht auf der Figur!

Das Wetter bei Holmes

London liegt im Nebel, die Straßen sind vom Gaslicht schwach beleuchtet. Die Szene, in der wir uns Sherlock Holmes gerne vorstellen, ist die eines Herrn mit kariertem Deerstalker (Reisemütze mit Ohrenklappe), Pfeife und kariertem, ärmellosem Inverness-Mantel, wie er in eine Droschke steigt, um durch die gelblichen Schwaden, die aus den Heizkohleöfen und den Industriekaminen Londons dringen, seinen Weg zu finden. Der Nebel, den die Dämpfe der Themse noch dichter machen, bildet die Umgebung, in der Verbrechen wahrscheinlicher werden, weil sich die Täter in ihm leicht ungesehen entfernen können. Insofern ist der Nebel selbst unheimlich. Er ist eine Metapher für die Situation unbekannter Bedrohung. Holmes, heißt es, operiert in »rauchgeschwängerter, nebliger Luft« und an anderer Stelle: »Dicker Nebel wallte zwischen den schwärzlichen Häuserreihen, und die Fenster gegenüber nahmen sich hinter den schweren gelben Dunststreifen aus wie dunkle, formlose Flecken.«

Die Klagen darüber, wie neblig und von Kohle verraucht London sei, reichen aber bis ins 17. Jahrhundert zurück, in dem 1661 eine Abhandlung *Fumifugium, or, The Inconveniencie of the Aer and Smoak of London* (»Fumifugium oder die Unan-

Sidney Padgets Erfindung von Deerstalker und Inverness. Illustration zu *Silver Blaze*, *Strand Magazine*, 1892

nehmlichkeit von Luft und Rauch in London«) erschien. Um 1890 hatte die entsprechende Angst zugenommen. Denn im East End, der besonders nebligen Hafengegend, werden damals grausame Morde an Prostituierten begangen. Der Serienmörder hat sich brieflich als »Jack the Ripper« gemeldet und wird nie überführt werden. Holmes und Watson sitzen währenddessen am Kamin ihrer Höhle in der Baker Street, draußen ist es kalt, undurchsichtig und ungemütlich.

In seinem *Plea for Gas Lamps* (»Plädoyer für Gaslampen«) hat Robert Louis Stevenson 1881 diese urtypische Szenerie der Detektivgeschichte beschrieben. Man hatte nun die großen Städte, aber wie sollten die Bürger nachts durch sie hindurchfinden? Erst die Gasbeleuchtung habe die Nacht dem geselligen Vergnügen geöffnet:

Die Menschheit und ihre Abendgesellschaften waren nicht länger der Gnade einiger Meilen Meeresnebel ausgeliefert; der Sonnenuntergang leerte nicht länger die Promenade;

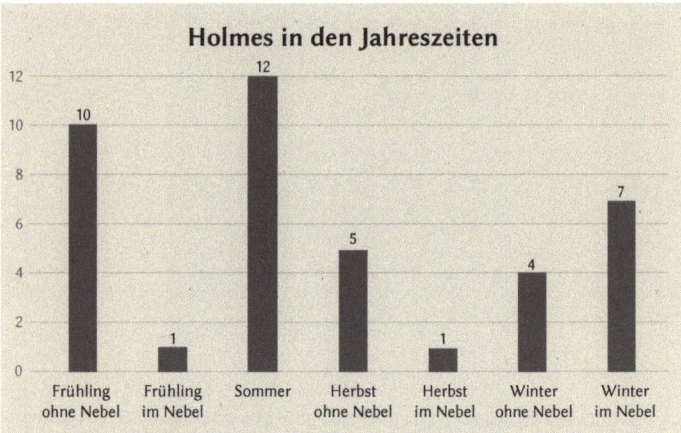

Holmes in den Jahreszeiten

Frühling ohne Nebel	10
Frühling im Nebel	1
Sommer	12
Herbst ohne Nebel	5
Herbst im Nebel	1
Winter ohne Nebel	4
Winter im Nebel	7

Anmerkung: Eine Reihe von Geschichten enthält keine oder nur sehr ungefähre Angaben zur Jahreszeit.

und der Tag wurde nach jedermanns Lust verlängert. Die Stadtbewohner hatten ihre eigenen Sterne, zahme, domestizierte Sterne.

Solange jedoch nicht jede Straße der Großstadt erleuchtet war, durften sich die gesellig ausströmenden Bewohner zugleich in desto größerer Zahl dem Verbrechen ausgesetzt sehen.

So weit das mythische Bild. Tatsächlich ermittelt Holmes aber ganz selten im nebligen Herbst oder Winter. Verfolgungsjagden durch den Nebel, in dem sich die Kriminellen verbergen, gibt es bei ihm keine einzige. Die Stadt selbst ist das Medium des Verbrechens, nicht ihr Wetter. Unter den Geschichten des Kanons sind es nur ganze neun, in denen Nebel überhaupt erwähnt wird. Im sozial- und literaturgeschicht-

lichen Standardwerk, *London Fog* von Christine L. Corton, finden sich keine Registereinträge zu Holmes und Doyle.

Tatsächlich ermittelt Holmes auch oft außerhalb Londons, in Surrey, Berkshire, Norfolk, Kent oder Sussex. Insgesamt haben 31 Geschichten ihren Schwerpunkt in London, 25 auf dem Land. Ikonisch ist *The Hound of the Baskervilles* (*Der Hund der Baskervilles*), der in der Moorlandschaft des südenglischen Devon spielt. Der Erfolg dieses Romans hat nicht zuletzt durch seine Verfilmungen das Bild von Holmes mehr geprägt als jeder andere Text. Hier ist alles voller Nebel, der nachgerade zur Falle wird, weil die sich im Moor Bewegenden in ihm leicht auf falsche Wege geraten. Hier entspricht der Nebel dem Aberglauben an den Fluch, der auf den Baskervilles liegt und von einer Hundebestie vollzogen wird. Kriminalgeschichten, die in Dartmoor spielen, wo es zudem ein Gefängnis gibt, aus dem regelmäßig erfolgreich ausgebrochen wird, hat es danach zu Dutzenden gegeben.

Der berühmteste Bluthund Englands

Im Dezember 1893 schreibt Conan Doyle in sein Tagebuch: »Killed Holmes«. Tatsächlich hatte er sich in *The Final Problem* (*Das letzte Problem*), das im selben Monat in *Strand's Magazine* erschien, seines Detektivs auf ziemlich rüde Weise entledigt. Handstreichartig wird dort Professor Moriarty als der größte und zugleich unsichtbarste Verbrecher seiner Zeit als *diabolus ex machina* auf die Bühne geholt. Fast ohne jede Vorbereitung wird behauptet, er stehe als Chef organisierter Kriminalität hinter der Hälfte aller Straftaten in London. Jahrelang, teilt Holmes mit, habe er Moriarty nachgespürt.

Das war den Lesern neu, denn bislang hatte Moriarty in den Geschichten keinerlei Erwähnung gefunden. Der Widerspruch ist Doyle bewusst, weswegen er den Detektiv ergänzen lässt, Moriarty habe hinter zahlreichen unaufgeklärten Verbrechen gestanden, zu denen Holmes nicht herangezogen worden sei. Was erklären soll, dass wir die Spuren des Bösewichts bislang noch in keinem Fall gefunden haben. Damit behauptet Holmes aber auch, dass er seine Jagd auf das ihm ebenbürtige Genie des Bösen jahrelang vor Watson verborgen halten konnte. Er steigert sich in die Beschreibung dieser Jagd hinein und bezeichnet sie als Kampf der Giganten auf Leben und Tod.

Wozu das alles? Conan Doyle war schlicht und einfach seines Helden überdrüssig geworden und wollte ihn sterben lassen. Moriarty war das Mittel zu diesem Zweck, denn der Abtritt sollte spektakulär sein. In fünf Jahren hatte Doyle zwei Romane und 24 Geschichten über Holmes geschrieben. Anhand brieflicher Stoßseufzer wird vermutet, er habe sich endlich anderen Projekten zuwenden wollen, die ihm wichtiger erschienen als sein Detektiv: historischen Romanen, politischen Sachbüchern, spiritistischen Studien, Reiseberichten. In den Jahren zwischen 1893 und 1903 werden sieben solche Bücher von ihm erscheinen.

Doch das lenkt vom wahren Grund ab. Ein entscheidendes Motiv, Holmes loszuwerden, war, dass Doyle sich leergeschrieben fühlte. Die Genreliteratur verlangt ihren Autoren immer wieder das Ähnliche ab, und tatsächlich wiederholt sich vieles in den Geschichten um Holmes. Wie oft sollte Doyle seinem Publikum noch die Kunststückchen auftischen, in denen Holmes aus Schuhen, einem Spazierstock oder einem Blusenärmel Informationen über Beruf, Herkunft oder Ehestand ihrer Besitzer zog? Wie oft noch sollte er Dr. Watsons Begriffsstutzigkeit vorführen? Wie viele weitere illegale Vermögen ließen sich aus den Kolonien nach England transferieren, um dort Verbrechen auszulösen? Im Februar 1892 hatte Doyle vom *Strand Magazine* 1000 Pfund für zwölf weitere Geschichten in der Hoffnung verlangt, die Zeitschrift werde diese Verdreifachung seines Honorars ablehnen, was sie aber nicht tat.

Fast zwei Jahre später war es so weit: Doyle ließ Holmes sterben. Die Leser protestierten aufgebracht. 20 000 Abonnenten, fünf Prozent der Auflage, soll *The Strand* auf einen Schlag verloren haben, als keine Geschichten mit dem Detektiv mehr erschienen. Acht Jahre lang hielt Conan Doyle das durch, dann plagten ihn Geldnöte, er gab dem Drängen seiner Umgebung nach und schrieb seine beliebteste Geschichte überhaupt, den Roman *The Hound of the Baskervilles* (*Der Hund der Baskervilles*). Sie wird das Bild seines Detektivs mehr prägen als jede andere und wird öfter verfilmt werden als alle anderen Erzählungen mit Sherlock Holmes.

Ein Grund dafür ist ihre unheimliche Szenerie: das neblige Sumpfgebiet von Dartmoor samt Herrensitz und granitenen Steinaltertümern. Zerklüftete Hügel, furchtbare Schreie von im Moor versinkenden Ponys, nachts schluchzende Frauen und ein unzurechnungsfähiger Mörder, der aus dem Zuchthaus ausgebrochen ist. Conan Doyle fährt alles auf, was in einem Schauerroman Platz hat. In einem Todesfall wird das Fortwirken eines alten Fluchs vermutet, der seit 150 Jahren über der sehr wohlhabenden Adelsfamilie der Baskervilles liege. Samt dem riesigen Hund, der in ihrem Zentrum steht – »hound«, nicht »dog« der Baskervilles, ein Jagd- oder Bluthund also –, wirft die Geschichte erkennbar mehr Unheimlichkeit ab als Fälle mit entlaufenen Bräuten, gestohlenen Napoleon-Büsten oder entwendeten Papieren des Europaministers, die Holmes sonst löst. Hier löst er nämlich nicht nur einen Fall, sondern bekämpft einen Mythos. Unempfänglich für Geschichten von überweltlichem Horror, findet er heraus, dass die Sage vom fluchbeladenen Tier für sehr irdische Untaten missbraucht wird, die mit Erbschaftsinteressen verbunden sind. In *The Adventure of the Sussex Vampire* (*Der Vampir von Sussex*) tritt Holmes später auf ähnliche Weise dem Aberglauben entgegen, es gebe Sauger, die sich vom Blut Unschuldiger ernähren.

Als die Leser den Roman in Händen hielten, mussten sie sich fragen: Wann findet die Ermittlung in der prähistorisch geprägten Sumpflandschaft von Devonshire statt, von der

Watson schreibt, wer sich in sie begebe, lasse alle Spuren des modernen England hinter sich? War denn Holmes wieder lebendig geworden?

Die Holmes-Forschung ist sich in kaum einer Frage so uneinig wie in der nach dem Datum des Abenteuers in Baskerville Hall. Zur Enttäuschung der damaligen Leser schien jedoch klar, dass der Fall zeitlich vor dem Tod des Detektivs in den Schweizer Alpen lag. An einer Stelle wird erwähnt, der Ruhm von Holmes und Watson habe sich auch in der Einöde schon herumgesprochen. Das spricht für die Zeit um 1891, als die ersten Kurzgeschichten erschienen. Andererseits wird Watsons Frau, Mary Morstan, mit keinem Wort erwähnt. Das spricht sogar für ein Datum vor 1888. Doch auch der Herbst 1900 ist mehrfach vorgeschlagen worden, obwohl ein Zeitpunkt nach dem vermeintlichen Tod in der Schweiz 1891 so wahrscheinlich ist wie ein verfluchter Hund.

Die Lebendigkeit des Romans verdankt sich seiner klaren Erzählweise. Anders als in den anderen Holmes-Romanen gibt es hier keine ausführlichen Vorgeschichten. Doyle bleibt ganz beim Fall. Zum anderen hat sein geschickter Zug, Dr. Watson zum Tatort vorauszuschicken und von dort in Form von Briefen und Tagebuchnotizen berichten zu lassen, eine wohltuende Wirkung. Die unheimliche Stimmung der Landschaft, die Liebesgeschichte zwischen Henry Baskerville und Miss Stapleton, die Charakterisierung der Personen, die verständnisvolle Freundschaft zwischen Henry Baskerville und Dr. Watson – all das gewinnt durch die Abwesenheit von Holmes, dessen Deduktionen diese Verhältnisse nicht ständig unterbrechen, kommentieren oder korrigieren. *The Hound of the Baskervilles* liest sich, bei aller Liebe zur Rationalität, wie Ferien von der Besserwisserei. Watson kann sich, mit anderen Worten, erstmals über viele Kapitel hinweg auf etwas anderes konzentrieren als auf die Bewunderung von Sherlock Holmes.

Arthur Conan Doyle hat hier insofern im *Hound* zwei erzählerische Probleme auf einmal gelöst: Das Problem der Ermüdung durch seinen Helden, also das Problem der langweilenden Intelligenz. Und das Problem der Versuchung, längere Textstrecken statt durch auftrumpfende Rationalität, der die Kurzgeschichte angemessen ist, durch Ausflüge in koloniale, religiöse oder politische Universen zu bestreiten, also: das Problem der überflüssigen Exkurse. Im *Hound* wird nichts erzählt, was nicht zur Sache beiträgt. Der Roman wirkt so weder als eine künstlich aufgequollene Novelle noch als umständliche Abschweifung. Sein großer Ruhm ist verdient.

Professor Moriarty

»Ich bin einzigartig auf der Welt«, sagt Holmes und glaubt damit mehr zu sagen, als ein Individuum zu sein. Sein Kopf sei allen anderen überlegen. Doch Holmes hat außer einem Bruder, der ihm, was den Kopf angeht, recht ähnlich ist, einen Doppelgänger auf der Seite des Bösen. Dem größten Detektiv tritt der größte Verbrecher entgegen, wenn auch nur drei Mal im gesamten Erzählwerk: Professor Moriarty.

Eingeführt wird er in der Geschichte des letzten Verbrechens, wiederaufgenommen wird der Faden in *The Empty House (Das leere Haus)* von 1903, schließlich im Roman *The Valley of Fear (Das Tal der Angst)* von 1914/15. Dort wird er als »wissenschaftlicher Verbrecher« bezeichnet, so wie Holmes ein wissenschaftlicher Ermittler genannt werden könnte. Doch als Verbrecher darf der größte Bösewicht aller Zeiten öffentlich nicht bezeichnet werden, weil ihm niemand seine Untaten nachweisen kann und er sofort auf üble Nachrede samt Schmerzensgeld klagen könnte.

Moriarty verkörpert auf diese Weise das Phantasma von Verschwörungstheorien. Das Verbrechen ist so umfassend organisiert, dass es nicht einmal mehr erkannt und angesprochen werden kann. Es vermag sich unsichtbar zu machen und bleibt

Professor Moriarty. Illustration
zu *The Final Problem* von Sidney
Paget, *Strand Magazine*, 1893

ganz im Dunkeln, obwohl hinter jeder Tat das Netzwerk einer riesigen Machenschaft steht und in deren Zentrum Moriarty, »ein Kopf, der ein ganzes Volk zum Guten oder Bösen lenken könnte«. Bemerkenswerterweise hat Sherlock Holmes den Beweis dafür nie antreten müssen. Die Figur des Moriarty bleibt schon deshalb ein bloßer Einfall, weil für Arthur Conan Doyle sonst der erhebliche Aufwand entstanden wäre, die vielen Erzählungen von Verbrechensfällen, die Holmes löst, miteinander über die Figur des großen Drahtziehers zu verbinden.

So waren sie aber nicht angelegt, und das aus gutem Grund: Doyle gab ein Porträt der Stadt und einer Gesellschaft, in der ohne Koordination aus allen Richtungen die unwahrscheinlichsten Normverstöße erfolgen. Mal sind eingewanderte Griechen die Täter, mal Rennpferde, mal eine geheime Gesellschaft aus den Vereinigten Staaten, mal auch ein Lord oder ein Trupp origineller Bankräuber. Das alles hängt gerade nicht miteinander zusammen, sonst wäre es ja auch viel leichter, es aufzuklären. Die Gesellschaft ist keine Verschwörung, und wenn es auch literarisch noch so reizvoll wäre.

Die Filme mit James Bond operieren an dieser Grenze und entsprechend mit globalen Verbrechern, die über riesige Vermögen und Armeen gebieten. Folgerichtig arbeitet dort auch der Gegenspieler im staatlichen Auftrag. Holmes hingegen gehört einer Epoche an, in der das staatliche Handeln noch sehr begrenzt war. In den Geschichten von Holmes kommt die Monarchie nur am Rande vor. Hie und da ein Adliger, hie und da ein gestohlenes Geheimpapier, aber die großen Staatsaktionen bestimmen die Tätigkeit von Holmes nur gelegentlich.

Die Figur Moriarty ist Conan Doyle also eingefallen, als es eigentlich schon zu spät war, ihn als verborgenes Aktionszentrum zahlloser Verbrechen darzustellen und dadurch seine Wirklichkeit nachzuweisen. Denn Holmes ist ein Serienheld ohne Serie, die Fälle hängen untereinander gerade nicht zusammen, nicht ein einziger verweist auf einen anderen, und es gibt außer Holmes und Watson, Inspektor Lestrade und Mrs Hudson kaum wiederkehrende Personen. Mithin kann die ungeheuerliche Macht des Strippenziehers Moriarty nur behauptet werden.

Moriarty lehrt Mathematik, er hat ein fabelhaftes Buch über die Bewegungen der Planeten geschrieben. »Ich verabscheue und hasse jede Art von Mathematik«, hat Arthur Conan Doyle einmal gesagt. Damit wendete er sich gegen die Erwartung, alles, was geschieht, lasse sich ausrechnen. Die Mathematiker, heute würden wir sagen: die Informatiker, sind sehr zuversichtlich, alles auf Algorithmen bringen zu können. Holmes insistiert auf Beobachtungen und empirischem Wissen. Insofern führt die Selbstbeschreibung seiner Methode unter dem

Titel »Deduktion« ein wenig in die Irre. Seine Schlüsse sind nicht zwingend, sondern naheliegend.

Der Traum von Moriarty als Kontrahenten ist trotzdem schön. London wird Holmes langweilig, wenn Professor Moriarty nicht mehr verbrecherisch aktiv ist. Er folgt dabei keinem anderen Programm als dem der Zerstörung. Es geht ihm nicht um Geld, sondern um Negation. Was er aufzubauen gedächte, wenn alles eingestürzt ist, erfahren wir nicht. Wir sind insofern im London des wunderbaren Romans *The Secret Agent* (*Der Geheimagent*) von Joseph Conrad, der 1907 erschien und 1886 spielt, in dem die Phantasie blüht, man könne die bürgerliche Gesellschaft durch sinnlose Attentate in eine Verzweiflung treiben, in der sie sich auflöst. Moriarty ist die Verkörperung eines solches Phantasmas.

Dennoch entschloss Doyle sich nicht, den Kampf zwischen Moriarty und Holmes zum Stoff weiterer Erzählungen zu machen. Für eine episodenreiche Auseinandersetzung des Guten mit dem Teufel fehlte ihm das mythologische Gefühl. Holmes war für Arthur Conan Doyle, bei allen exzentrischen Zügen, die er ihm verlieh, eine bürgerliche Figur. Den Umkreis des gesellschaftstragenden Verhaltens sollte sie nicht überschreiten, aber deshalb sollte sie auch nicht die Gesellschaft als Ganzes gegen ihren Feind verteidigen müssen. Denn die Gesellschaft als Ganzes existiert für Holmes gar nicht. Er konzentriert sich auf einzelne Verstöße gegen ihre Ordnung. Holmes ist nicht prinzipiell, er ist konkret. Deshalb hat Moriarty als großer Bösewicht nur eine begrenzte Bedeutung in den Geschichten von Sherlock Holmes. Es blieb der Welt des Films überlassen, diese Grenzen zu erweitern.

Ein Detektiv der »upper classes«?

Dem französischen Soziologen Luc Boltanski zufolge ermittelt Holmes in einer Klassengesellschaft, die sich allen seinen Geschichten einprägt. Sie besteht aus zweierlei Reichtum, dem alten, an englischen Landbesitz und Handel gebundenen Besitz, der auch politische Funktionen ausübt, und den neuen, oft unter rauen, mitunter illegalen Umständen in den Kolonien oder Nordamerika erworbenen Vermögen. Darunter gibt es zwei Dienerklassen, die der einfachen Leute, die im Garten, in der Küche oder bei den Pferden arbeiten, und die Klasse der Elitediener der Verwalter, Erzieher, Butler und Hauslehrer. Die Herren stellen Verhaltensregeln auf, an die sie sich selbst mehr oder weniger halten, die Diener gehorchen. Daneben gibt es noch Ausländer zweifelhaften Charakters, österreichische Barone, italienische Grafen und fremde Anarchisten.

Das ist eine gute Beschreibung für viele Fälle, in denen Holmes ermittelt. Es werden ihm oft Probleme der englischen Oberschicht angetragen. Der Sohn eines Lords ist entführt worden, ein König wird mit für ihn peinlichen Dokumenten erpresst, ein Edelstein wurde entwendet, Lady Carfax wird vermisst.

Doch ist Holmes deshalb ein Oberschichtendetektiv? Und

ist die Beschreibung Englands als einer Klassengesellschaft vollständig? In die Klassenbeschreibung lassen sich weder die Polizisten noch die vielen Angestellten gut einordnen, die in den Fällen von Holmes eine Rolle spielen, so wenig wie die Ärzte (Dr. Watson, Dr. Mortimer, Dr. Trevelyan) oder Mrs Hudson, der Teil B des Hauses in der Baker Street gehört, ohne dass sie als Immobilienbesitzerin aufträte.

Aber lassen wir, bevor wir unseren Widerspruch anmelden, Professor Boltanski erst einmal seine These entwickeln. Sie stellt auf den Umstand ab, dass der Detektivroman zugleich in einer liberalen Gesellschaft aufkommt, nicht in einer autoritär regierten. Soll heißen: Die britische Klassengesellschaft wird als eine allgemein akzeptierte Ordnung aufgefasst, der auch diejenigen zustimmen, die in ihr nicht die erste Geige spielen.

Nur die Verbrecher eben nicht, weswegen zur Verteidigung dieser Ordnung der Detektiv antritt. Er soll die Störungen beseitigen, die Irrtümer wieder geraderücken. Dass er das kraft seiner Denkfähigkeit tut, beweist für Boltanski die Gleichung von politischem Willen und Rationalität im Selbstbild des britischen Gemeinwesens. Der Staat ist vernünftig, also bedürfen Verstöße gegen seine Regeln des Einsatzes von Rationalität.

In der Kraftprobe zwischen den Verbrechern und den Ordnungsmächten teilen sich Letztere auf. Dem Verbrecher treten sowohl die Polizei wie der Detektiv entgegen. Die Mittel der Polizei sind rechtlich begrenzt, aber auch ihre Intelligenz. Der Detektiv hingegen denkt im Grunde wie der Verbrecher, er kennt die Lücken in der wohlgeordnet erscheinenden Welt. Er weiß, wie man die normalen Erwartungen unterlaufen oder austricksen kann. Das macht ihn einem Zauberer ähnlich, der weiß, wie man die Leute durch kleine unsichtbare Handgriffe täuschen kann. Genauer: Holmes ähnelt einem Experten für

Zauberei wie S. W. Erdnase, der 1902 in *The Expert at the Card Table* das berühmteste Buch über Kartentricks vorgelegt hat.

Tatsächlich geht Holmes nicht jeder Sorte von Verbrechen nach. Zumeist nicht den gewöhnlichen, die von gewöhnlichen Bürgern begangen werden. Es sind vielmehr häufig Straftaten, die das Potenzial eines Skandals in sich bergen, für die Holmes engagiert wird. Hier ist es eine Erpressung im Hochadel (*A Scandal in Bohemia* bzw. *Ein Skandal in Böhmen*), dort der vermeintliche Vatermord (*The Boscombe Valley Mystery* bzw. *Das Geheimnis vom Boscombe-Tal*), das Verschwinden der Braut von der Hochzeitsfeier (*The Adventure of the Noble Bachelor* bzw. *Der adlige Junggeselle*), der Diebstahl militärischer Verschlusssachen (*The Naval Treaty* bzw. *Der Flottenvertrag*), die Heirat der Schönheit aus hoher Familie mit einem adligen Mörder (*The Adventure of the Illustrious Client* bzw. *Der illustre Klient*), die Entführung eines zehnjährigen Lords aus seinem Internat (*The Priory School* bzw. *Die Abteischule*). In letzterer Geschichte kommt ein Lehrer namens Heidegger vor!

Boltanski zieht aus alldem den Schluss, Holmes sei der »Detektiv der Großen«, die ihn beauftragen, damit der Skandal vermieden wird, ein Skandal, der allein schon darin bestehen kann, dass überhaupt ermittelt wird und Polizisten über den Schlossrasen laufen.

Das trifft auf viele Fälle zu, doch bei Weitem nicht auf alle. Unter den Klienten von Holmes finden sich schon in den 20 Fällen der ersten beiden Erzählungsbände: ein Pfandleiher, die Erbin eines bescheidenen Vermögens, ein pensionierter Soldat, ein Eisenbahningenieur, eine Gouvernante, eine unbedeutende Vermieterin, ein Hopfenhändler, ein Schreiber, ein Offizier. Wenngleich Holmes nicht bei gewöhnlichen Einbrüchen oder Morden in der Unterschicht ermittelt – wir kommen auf den Fall von »Jack the Ripper« noch zurück –, ist er also dennoch auch ein »Detektiv der Mittleren«. Überdies ist die Polizei in vielen Fällen auch schon aktiv, bevor Holmes eingreift oder hinzugezogen wird.

Boltanskis Vermutung, Holmes ermittle vor allem für die Oberschicht, hat noch eine andere Schwäche. Sie betrachtet die Klassengesellschaft nämlich nur in den Geschichten, aber nicht bei den Lesern. Denn sie unterstellt, Arthur Conan Doyle lasse den Detektiv bevorzugt für reiche und mächtige Klienten arbeiten, weil sie die Gesellschaft tragen und seiner Diskretion bedürften. Tatsächlich sind aber die Mächtigen und Reichen, seit es die Massenmedien gibt, auch der Gegenstand eines starken Interesses der Mittelschichten. Dort liest man gern, was am Hof geschieht, dass der Adel auch nur mit Wasser kocht und vor welchen schrecklichen Schicksalen selbst die Töchter von Großgrundbesitzern nicht sicher sind. Die Fehler in der angeblich guten Gesellschaft fallen desto mehr auf, als sie sich selbst arroganterweise als erhaben über Fehler darstellt. Wo Reichtum ist, kann außerdem einfach mehr und spektakulärer gestohlen, erpresst und geraubt oder die Ehe gebrochen werden. Wenn es um Fälle mit einem entschwundenen Rennpferd oder einem vermissten Rugbyspieler geht, wird dieser Aspekt des literarischen Interesses an Prominenz ganz deutlich. Arthur Conan Doyle schreibt also auch dann, wenn er *über* die Oberschicht schreibt, *für* die Mittelschicht und hat als ihren Abgesandten Dr. Watson zum Begleiter aller Abenteuer seines Detektivs in den Erzählungen bestellt. Der Detektiv und sein Begleiter durchkreuzen insofern die Unterscheidungen der Klassengesellschaft.

Spurenlegen als Erfolgsrezept

Binnen weniger Monate erreichten die Bücher von Doyle und das *Strand Magazine*, das seine Geschichten druckte, gewaltige Auflagen. Die Monatshefte des Magazins, das 1891 startete, kamen bald auf eine halbe Million Exemplare. Amerikanische Zeitschriften meldeten sich, Doyle ging auf Lesereisen, bei denen zu seinem eigenen Missvergnügen das Publikum nichts von seinen sonstigen Büchern hören wollte, sondern nur von Sherlock Holmes.

Dabei gab es in diesen Jahren durchaus andere Kriminalautoren, etwa Anna Katharine Green (*The Leavenworth Case*, 1878; *That Affair Next Door*, 1897) oder L. T. Meade (*Stories from the Diary of a Doctor*, 1894/96), die ebenfalls im *Strand Magazine* abgedruckt wurden. Beide haben zwischen 1878 und 1917 zusammen mehr als 80 Kriminalromane publiziert. Arthur Conan Doyle jedoch hat sich auf diesem Markt durchgesetzt, fast niemand erinnert sich heute mehr an die Detektive Ebenezer Gryce, Amelia Butterworth und Dr. Halifax.

Was führte zu diesem Erfolg von Sherlock Holmes? Die Antwort des italienischen Literaturhistoriker Franco Moretti, der an der Stanford Universität unterrichtet hat, ist eindeutig: Es ist die Handhabung der »clues«, der Spuren, die Conan

Doyle allen anderen Autoren überlegen machte. Es gibt bei ihm diese Spuren, sie haben eine Funktion für die Ermittlung der Täter, und sie werden den Lesern offengelegt. Die Leser werden also auf eine faire Art an der Rätsellösung beteiligt.

Das geschieht allerdings bei Weitem nicht in allen Geschichten. In der Hälfte der *Abenteuer von Sherlock Holmes* gibt es keine solchen Spuren. In anderen sind sie nicht erhellend oder konklusiv. Moretti schließt daraus, dass Doyle gar nicht bewusst war, was für ein Erfolgsrezept er da gefunden hatte, und es als Schlüssel zu seinem Erfolg gar nicht verstand. Zunächst dienen ihm die Deduktionen aus Spuren nämlich nur als Beweis der überragenden Intelligenz von Holmes. Später werden sie zum Element der Geschichten und sollen dort gerade nicht die unerreichbaren Fähigkeiten des Detektivs beweisen, sondern das Lesepublikum zum Mitraten motivieren.

Schauen wir uns ein Beispiel an, *The Naval Treaty* bzw. *Der Flottenvertrag*. Hier ist der durch Protektion und Begabung in ein hohes außenpolitisches Amt gekommene Percy Phelps in der Bredouille. Eigentlich wollte er mit seinem zukünftigen Schwager abends nach Woking, seinem Wohnort, zurückreisen. Doch der Außenminister beauftragt ihn, zuvor noch einen hochgeheimen Vertrag zu kopieren. Ermüdet verlässt Phelps für einen Moment auf der Suche nach einer Tasse Kaffee sein Büro, und prompt wird ihm das Dokument gestohlen. Alle naheliegenden Bemühungen, es wiederzubeschaffen, scheitern, Phelps fällt ins Nervenfieber und wird bettlägerig. Eine unbekannte Person versucht, in sein Krankenzimmer einzudringen, er fürchtet um sein Leben. Die Lösung: Der Vertrag ist im Krankenzimmer versteckt, der Täter ist der Schwager, der Phelps abholen wollte und im leeren Büro den Flottenvertrag fand.

Die ›objektive‹ Spurensuche verläuft alternativ zur ›subjektiven‹ Zeugenbefragung. Der Satz: »Er log wie ein Augenzeuge«, wird Dorothy L. Sayers zugeschrieben, die Detektive halten sich darum lieber an das Tatsächliche, und wenn sie mit Zeugenaussagen umgehen, dann tun sie es misstrauisch, suchen nach Unstimmigkeiten oder Widersprüchen in ihnen, behandeln sie also wiederum als zu deutende Spuren. Zugleich, sagt Holmes, »there is nothing more deceptive than an obvious fact«, es gebe nichts Irreführenderes als eine offensichtliche Tatsache. Die Spur verbindet, Moretti zufolge, die Geschichte des Verbrechens mit der Geschichte der Ermittlung. Spuren sind das, was von der Vergangenheit übrig ist, und sie lenken die Leser, weil in jedem Satz, in jeder Beschreibung ein Hinweis versteckt sein könnte. Anders als das medizinische Symptom, für das es Lehrbücher gibt, sind die Spuren zur Zeit von Holmes noch nicht katalogisiert, die Spurensicherung stand noch in ihren Anfängen. In der ersten Szene, in der wir Holmes kennenlernen, ist es ihm gerade als Erstem gelungen, Hämoglobin nachzuweisen (allerdings gab es den Teichmann-Test schon seit 1853).

Wir stehen also vor einem Widerspruch. Die Spurensuche fasziniert, aber die Geschichten von Holmes, in denen sie keine entscheidende Rolle spielt, werden trotzdem gern gelesen. Wenn Moretti formuliert, auch Conan Doyle habe seine neue Entdeckung nicht konsequent zu nutzen gewusst, muss er sich darum zähneknirschend die Frage gefallen lassen, ob dann die Behauptung stimmen kann, Doyle habe die Leser vor allem mittels der »clues« gewonnen. Das heißt nicht, die Bedeutung der Schlussfolgerungen aufgrund von Spuren, die auch den Lesern unterbreitet werden, gering zu schätzen. Das Mitraten gehört fraglos zur Faszination der Detektivgeschichte. Es heißt nur, dass Ruhm und Erfolge der Geschichten mit Holmes nicht vollständig darauf beruhen können.

Kriminalromane sind, bei aller Ähnlichkeit, keine Kreuzworträtsel. Sie erzeugen eine Bindung der Leser an den Charakter des Detektivs, an das Milieu, in dem er ermittelt, an seine Sprüche, in denen seine Rationalität gefeiert wird. Wir lieben Holmes nicht nur seiner scharfen Schlussfolgerungen wegen, sondern auch, weil er in seiner Freizeit Violine spielt, Abhandlungen über Orlando di Lasso schreibt, in die Tapete schießt, einen seltsamen Bruder hat und gegenüber Phrasen auch dann unempfänglich ist, wenn sie von Mitgliedern des Oberhauses geäußert werden. Wir lieben es überdies, wenn eine Intelligenz sich durchsetzt, die eigensinnig ist und ihre Fähigkeiten nicht an Phantasmen verschleudert. Definiert man spontanes Handeln durch seine Unabhängigkeit von sozialem Druck, so ist Sherlock Holmes ein herausragendes Exemplar von Spontaneität.

Der englische Schriftsteller Somerset Maugham ist in seinem 1952 publizierten Essay *The Decline and Fall of the Detective Story* (»Der Abstieg und Untergang der Detektivgeschichte«) hart mit Arthur Conan Doyle ins Gericht gegangen. Er habe den Charakter von Holmes den Lesern ins Bewusstsein gehämmert wie eine Kosmetikfirma ihren Kunden die fabelhaften Eigenschaften ihrer Seife. Man wisse darum nach der Lektüre von 50 Holmes-Geschichten nicht mehr als nach der Lektüre einer einzigen.

Das ist nur ein wenig übertrieben. Es heißt aber auch, dass die Faszination durch die Figur sich gegenüber diesen ständigen Wiederholungen durchgesetzt hat. Leser von Genreliteratur sind ohnehin geduldig. »More of the same« ist eine ihrer Devisen. Aber nicht von jedem »same« wollen sie immer wieder einen Nachschlag. Man weiß nach der Lektüre von 50 Holmes-Geschichten vielleicht nicht mehr über den Detektiv als nach einer, aber man weiß mehr über die Spielarten des englischen Gesellschaftslebens, über die Vielfalt der Straftaten und darüber, dass jemand, dessen letztes Wort »rat« oder »Rache« war, nicht unbedingt eine Ratte oder Vergeltung gemeint haben muss. Arthur Conan Doyle hat seine Leser immer wieder mit solchen kleinen Evidenz-Erlebnissen versorgt, kleinen Anlässen, sich an die Stirn zu fassen und »Natürlich!« auszurufen. Wer das Gefühl hat, in einer unverstandenen, weitgehend unbekannten Wirklichkeit zu leben, ist für solche Momente dankbar. Wir verstehen zwar das angeblich große Ganze nicht, aber wir verstehen dank Holmes durchaus, weshalb der erbleichte Soldat krank und nicht wahnsinnig gewesen sein muss.

Der fehlende Fall: Jack the Ripper

Anfang 1965 kommt es in London zu einer Unterredung über einen Sherlock-Holmes-Film. Der Produzent Samuel »Tony« Tenser war spezialisiert auf anzügliche Streifen – *Naked as Nature Intended* – und das Horrorgenre. Er produzierte die ersten beiden englischsprachigen Psychothriller von Roman Polanski. Ein Film über Sherlock Holmes musste für ihn etwas von beidem enthalten: Sex und Schrecken. Könnte man nicht, schlug er darum den anwesenden Drehbuchautoren vor, die Figur des berühmten Detektivs mit den perversen Morden von Jack the Ripper kombinieren, die genau im Jahr 1888 stattfanden, in dem Sherlock Holmes in London ermittelte? Im Tatzeitraum zwischen August und November dieses Jahres löst Holmes tatsächlich, dem Kanon zufolge, die Fälle *The Sign of the Four* (*Im Zeichen der Vier*) und *Silver Blaze* (*Silberstern*), im halben Jahr danach *The Boscombe Valley Mystery* (*Das Geheimnis vom Boscombe-Tal*), *The Adventure of the Engineer's Thumb* (*Der Daumen des Ingenieurs*) und *The Stockbroker's Clerk* (*Der Angestellte des Börsenmaklers*).

Im Vorschlag Tensers steckte die Frage, weshalb der bekannteste Kriminalfall seiner Zeit an Arthur Conan Doyle und Sherlock Holmes vorbeigegangen ist. Das Ergebnis der Dis-

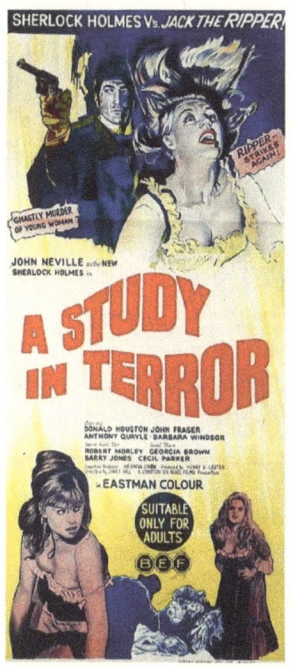

Filmplakat von *A Study in Terror*

kussion unter den Filmproduzenten war *A Study in Terror* von 1965, mit John Neville als sehr sportlichem Sherlock Holmes, einem ständig fabelhaft aufgebrachten Watson, den Donald Houston spielte, Judi Dench als junger Leiterin einer Armenküche in ihrer zweiten Kinorolle, Charles Regnier als verschlagenem Pfandleiher und dem unsterblichen Robert Morley als Mycroft Holmes. Der Film gehört trotz seiner etwas dubiosen Produzenten – einer hatte 1957 das Drehbuch von *I Was a Teenage Werewolf* geschrieben und 1958 das von *I Was a Teenage Frankenstein* – zu den besten, die je über Sherlock Holmes gedreht wurden.

Schon die Eingangsszene in einer Bierhalle zeigt den Grund dafür, dass Jack the Ripper als der berühmteste zeitgenössische Verbrecher im Holmes-Kanon keine Spur hinterlassen hat. Nicht nur blieb sein Fall ungelöst, woran auch Sherlock Holmes nichts hätte ändern können. Doyle hätte ihn scheitern lassen müssen, und der an einem großen Fall scheiternde Detektiv war nicht vorgesehen.

Darüber hinaus trugen sich die Untaten Jack the Rippers in einem Milieu zu, das Conan Doyle und Holmes völlig fremd war. Die Prostituiertenmorde mit anschließendem Ausweiden der Opfer fanden allesamt in Whitechapel statt, einem Viertel voller Kneipen, Musikhallen, Suppenküchen, Bordelle und Absteigen, bevölkert von Kleinkriminellen, Hehlern, Huren, arbeitslosen Seeleuten und Soldaten. Holmes hingegen ermittelte gewöhnlich in Adelskreisen, im Groß- und Kleinbürgertum, bei Angestellten und Freiberuflern, aber so gut wie nie in der extremen Unterschicht. Ihre Angehörigen hätten ihn weder bezahlen können, noch hatten sie Fälle, die ihm interessant oder schwierig genug erschienen wären.

Besonders grausame Fälle sind im Kanon außerdem selten. Die Qualen sind selten physische Torturen. Man kann, was körperliche Gewalt angeht, an den Fall des griechischen Übersetzers denken, in dem eine Person gefoltert wird, an die abgeschnittenen Ohren in *The Adventure of the Cardboard Box* (*Die Pappschachtel*) oder an den Fall des Farbenhändlers im Ruhestand, der seine Frau und ihren Liebhaber in einen Tresor eingeschlossen und durch Gas getötet hat. Doch das alles sind Taten weit diesseits der Grausamkeit des Rippers. Wenn Dr. Watson zu Beginn des Films nach der Zeitungslektüre über eine der Mordtaten das Wort »disgusting«, »ekelhaft«, entfährt, reagiert das nicht nur auf den Tathergang, sondern auch auf die schmutzige Welt des Hafenviertels.

Im Film greift Holmes die ekelhaften Morde auf. Fast 80 Jahre nach den unaufgeklärten Taten ist das möglich, weil sie durch den historischen Abstand für eine fiktionale Bearbeitung freigegeben sind. So gut wie niemand erwartet mehr in der Wirklichkeit eine Klärung des Falls, auch wenn die Kriminalschriftstellerin Patricia Cornwall jüngst noch einen Lösungsvorschlag gemacht hat, indem sie Indizien gegen den Maler Walter Sickert sammelte. 1888 war kein Mangel an Spekulationen, wer Jack the Ripper sei. Es gab mindestens sieben Verdächtige, seitdem sind weitere hinzugekommen: Verrückte, Ärzte, verrückte Ärzte, Homosexuelle, Prinz Albert Victor und sogar Frauen. Wer mehr darüber wissen will, greife zu Alan Moores unheimlicher Graphic Novel *From Hell*.

In *A Study in Terror* bewegt sich Holmes durch alle Schichten Londons, das in seinen ganzen Kontrasten von Buckingham Palace bis zu den Schlachthöfen gezeigt wird. Die Morde hängen mit einer Adelsfamilie zusammen, die des Fehltritts einer ihrer Söhne halber erpresst wird. Das wäre Doyles Klassenbewusstsein nicht durch die Feder gegangen: der Sohn eines Herzogs, der heimlich eine Hure geheiratet hat und nun psychisch demoliert in einem Kellerloch lebt.

Eine spätere waghalsige Deutung des Verhältnisses von Sherlock Holmes zu Jack the Ripper finden wir im 1978 veröffentlichten Roman *The Last Sherlock Holmes Story* (*Der letzte Sherlock-Holmes-Roman*) des britischen Autors Michael Dibdin. Unter den vielen Erfindungen von Holmes-Geschichten, den sogenannten Pastiches, ragt er durch genaue Kenntnis des Kanons und präzise Phantasie heraus. Aus der Perspektive von Dr. Watson geschrieben, kommt er zum Befund: Sherlock Holmes hat seinen Gegenspieler Moriarty, den er für Jack the Ripper hält, frei erfunden und war selbst Jack the Ripper. Das klingt exaltiert, das ist exaltiert, die Fangemeinde von Holmes war *not amused*, Mattias Boström erwähnt das Buch in seiner sechshundertseitigen Wirkungsgeschichte von Sherlock Holmes nicht einmal, es ist aber hinreißend erzählt.

Ein Jahr danach kommt der Film *Murder by Decree* heraus, in dem Holmes, gespielt von Christopher Plummer und begleitet von James Mason als Watson, von den Ladenbesitzern in Whitechapel beauftragt wird, Jack the Ripper zu überführen, was ihm auch durch das Aufdecken einer Verschwörung von Freimaurern, Radikalen und des Hofarztes gelingt. Die

Geschichte ist noch viel verwickelter, denn es spielt in ihr auch ein uneheliches und noch dazu katholisches Kind des Herzogs von Clarence, der wiederum Sohn des Prince of Wales war, eine Rolle. Eigentlich fehlen nur Kommunisten und die Weisen von Zion, um die Liste der Verdächtigen des größten denkbaren Komplotts komplett zu machen.

Im Jahr 2009 schließlich erscheint der Roman *Dust and Shadow: An Account of the Ripper Killings by Dr. John H. Watson* der amerikanischen Autorin Lyndsay Faye. Hier ist der Ripper, dem Holmes auf die Spur kommt, ein Polizist, bei dem es niemanden wundert, dass er sich oft in der Nähe der Tatorte aufhält, wohingegen Holmes aufgrund desselben Umstandes als Täter verdächtigt wird. Nachdem der Polizeioffizier überführt ist und von Dr. Watson erschossen wurde, schweigen die offiziellen Stellen darüber, um keine Aufstände gegen die Ordnungshüter zu riskieren, ganz so wie in der *Study in Terror* ein Schleier über den toten adligen Ripper gelegt wurde, um seine ohnehin von Leid heimgesuchte Familie zu schonen. So wird der gordische Knoten zerschlagen. Sherlock Holmes hat einen Fall gelöst, der danach aus guten Gründen weiterhin als ungelöst behandelt wird.

Sherlock Holmes im Film

Sherlock Holmes hat viele Gesichter, denn wir erinnern uns an seines vor allem aus Filmen. Zählt man die Einträge im Lexikon von Alan Barnes durch, so waren es 2011 schon 353 Verfilmungen; inzwischen sind weitere hinzugekommen. Ihre Geschichte beginnt tief in der Stummfilmepoche. Der erste Streifen ist schon im Jahr 1900 gedreht worden, wodurch der Beginn der Filmgeschichte zeitlich mit dem Beginn der Sherlock-Holmes-Filme übereinstimmt. Es war die Parodie *Sherlock Holmes Baffled* (»Der verdutzte Sherlock Holmes«), die als Werbefilm für einen der ersten Vorführapparate produziert worden war, und er dauerte ganze 35 Sekunden. In ihnen erwischt Holmes einen Dieb, zündet sich eine Zigarre an, die explodiert, Holmes schießt auf den Dieb und ist verdutzt, als der ins Nichts verschwindet.

Zwischen 1908 und 1911 folgt eine Reihe von zwölf Filmen mit dem dänischen Schauspieler Viggo Larsen. Arthur Conan Doyle hatte da schon begonnen, Lizenzverträge über seinen Helden abzuschließen, um den Europa überschwemmenden Plagiaten Einhalt zu gebieten.

Vor allem in Deutschland war die nicht genehmigte Verwendung von Sherlock Holmes ins Kraut geschossen. 1907 veröffentlichte ein Berliner Verlag eine wöchentliche Heft-Serie unter dem Titel *Detektiv Sherlock Holmes und seine welt-berühmten Abenteuer*, der nach Beschwerden der Rechte-inhaber in *Aus den Geheimakten des Weltdetektivs* geändert wurde. Weltruhm geht mit Urheberrechtsproblemen einher. Die Geschichten waren, vom Gesichtspunkt der Anhänger des Kanons geurteilt, frei erfunden, und Holmes hatte dort statt Dr. Watson einen Assistenten namens Harry Taxon. Wie Matthias Boström in *From Holmes to Sherlock* (*Von Mr. Holmes zu Sherlock*) berichtet, war Conan Doyle aufgebracht über »die infernalischen Schurken«, die mit seinem Helden Geld verdienen wollten. Er selbst schrieb wohl auch deshalb immer weiter Geschichten um Holmes, um sich durch Originale auf dem von Plagiaten überfluteten Markt zu behaupten.

Der dänische Lizenzübergriff im Film hieß *Sherlock Holmes i Livsfare* (»Sherlock Holmes in tödlicher Gefahr«), alle Kopien sind verlorengegangen. Er brachte 1908 Holmes in 15 Minuten nicht nur mit Professor Moriarty, sondern auch mit dem Cricketspieler und Meisterdieb Arthur J. Raffles zusammen, den sich Doyles Schwager, Ernest William Hornung, 1899 wiederum als eine Kreuzung aus Arsène Lupin und Holmes ausgedacht hatte. Seine Geschichten erschienen ebenfalls im *Strand Magazine*. Diese Eigenschaft, neue Handlungen mit abenteuerlichen Kombinationen zu erzählen und die Figur auf diese Weise vom Kanon zu lösen, werden viele der Filme über Holmes haben.

Die andere Ablösung der Figur vom Kanon wurde durch den technischen Fortschritt bewirkt. Die Geschichten wurden im Kino der Zeit angepasst. Doyle beklagte früh, dass die Filme dadurch voller Telefone und Pkw (nach einer zeitgenössischen Bezeichnung »pferdelose Kutschen«) waren, die es so wenig gab, als Holmes ermittelte, wie den Film. Genauer: In einer einzigen Erzählung des Kanons werden Automobile erwähnt, in der im August 1914 spielenden und 1917 publizierten Geschichte *His Last Bow* bzw. *Seine Abschiedsvorstellung*. Der »riesige 100 Pferde starke Benz« gehört dort einem deutschen Botschaftsrat.

Größtmögliche Nähe zum Original suchte hingegen der Schauspieler, der das Herz Doyles durch sein Spiel auf der Grundlage einer genauen Lektüre der Texte und der Illustrationen Sidney Pagets gewann: Eille Norwood, der sogar Violinstunden nahm, um Holmes nahezukommen. Violinstunden für Stummfilme! Von 1921 an war der bleiche Norwood, der an Holmes vor allem die in sich selbst versunkene Konzentration und Ruhe bewunderte, die ihn bis zum Schlag gegen den Täter fast aktionslos erscheinen lassen, in 47 meist kurzen Filmen der diensthabende Detektiv im Kino. Er war bis 1984, als Peter Cushing mit 71 Jahren seinen letzten Auftritt als Holmes hatte, der älteste aller Darsteller des Detektivs.

Danach übernahm 1929 Clive Brooks, und wir sind schon im Tonfilm. Der war dem ständig argumentierenden, ständig lakonische Bemerkungen machenden Detektiv sehr angemessen. Holmes ist ein sprechender Held, er hat von der Tonspur nicht zuletzt wegen seiner sich im Akzent äußernden Britishness sehr profitiert. Nicht nur er. Auf YouTube kann die unheimliche Rede angeschaut werden, die der großartige Ernest Torrence als Professor Moriarty in *Conan Doyle's Master Detective Sherlock Holmes* von 1932 darüber hält, dass alle, die ihn wegen Mordes vor Gericht gebracht haben, vor ihm sterben werden.

Brooks spielt einen wenig exzentrischen, wenig bohemienhaften Sherlock Holmes, der den Titel Esquire trägt und gerade dabei ist, eine Frau namens Alice Faulkner zu heiraten, um sich aus dem Detektivgeschäft aufs Land zurückzuziehen. Wir sehen einen küssenden Holmes! In der Regie von William K. Howard wird Holmes modern und erfindet für Scotland Yard gerade einen elektromagnetischen Apparat zur Verfolgung von Fluchtwagen. Es gibt glänzend gefilmte und geschnittene Schattenspiele mit Polizisten, Pferdejagden und Jahrmarktsszenen, und wir sehen Gefängniswärter, die eindrucksvoll durch unterirdische Gänge rennen, weil Moriarty natürlich ausgebrochen ist. Als zusätzliche Nebenfigur nimmt der Film Billy auf, den schlauen Jungen, der von Conan Doyle in *The Adventure of the Mazarin Stone* (*Der Mazarin-Stein*) als Gehilfe von Holmes eingeführt worden war.

Schließlich hören wir von Clive Brooks 1929 zum ersten Mal auf der Leinwand: »Elementary, my dear Watson.« Die Wendung, die sich im Kanon nicht findet, entstammt dem Theaterstück über Holmes, das der amerikanische Schauspieler William Gillette 1899 zusammen mit Doyle verfasst und hunderte Male aufgeführt hatte. Dort heißt es im Text zwar »Elementary, my dear fellow«, doch Gillette scheint auf der Bühne den »dear fellow« durch »dear Watson« ersetzt zu haben. Schon lange bevor sie der Film verbreitet hat, galt die Sentenz als Markenzeichen von Holmes.

Im Film von 1932 ist Sherlock der Magnet für alle möglichen Einfälle, beispielsweise ein Treffen aller seiner weltweiten Gegner, von Hans Dreiaugen über Manuel Lopez und Homer Jones bis zu Gaston Roux auf der Hinterbühne einer Schießbude. Dort verabreden sie sich als Mafia zur Schutzgelderpressung, ein Verbrechen, das in den Geschichten, die Conan Doyle schrieb, keinerlei Rolle spielt. Doch eben 1930 in Chicago. Holmes in Hollywood, das bedeutete somit auch die Globalisierung der Figur, bedeutete, ihn in Verbrechensfällen ermitteln zu lassen, die andernorts typisch waren, bedeutete also buchstäblich den Weltdetektiv, als den ihn das Berliner Plagiat angesprochen hatte.

Als Weltdetektiv endgültig durchgesetzt haben ihn die Verfilmungen mit einem perfekten Duo: Basil Rathbone als ebenso hochaufgeschossener wie kurz angebundener Holmes mit Nigel Bruce als fabelhaft einfältigem, ständig vor sich hin brummelndem Dr. Watson, erstmals 1939 in *The Hound of the Baskervilles*. Der aus Südafrika stammende Rathbone hatte zuvor Bösewichter wie Sir Guy von Gisbourne in *Robin Hood*, den Verräter Ahmed in *Marco Polo* und Kapitän Levasseur in *Captain Blood* gespielt, weshalb er froh war, mit der neuen Rolle den Typ ›Gegenspieler von Errol Flynn‹ loszuwerden. Das Duo wird es in acht Jahren auf 14 Filme bringen, darunter solche, die Holmes in *The Voice of Terror* wie in *The Secret Weapon* (beide 1942) sowie 1943 in *Sherlock Holmes in Washington* im Kampf gegen die Nationalsozialisten zeigen. In *The Scarlet Claw* von 1944 setzt er sich mit dem Spiritismus auseinander, in *The House of Fear* wird die Geschichte von den fünf Orangenkernen aus dem Kanon dazu genutzt, ein Motiv von Agatha Christies *And Then There Were None* zu variieren: Morde, die eine Gruppe Kopf um Kopf reduzieren, bis nur noch zwei ihrer Mitglieder übrig bleiben. In einer Szene des Films verlangt Holmes nach einem Telefon und erhält vom Hausherrn den Bescheid, so etwas habe man hier nicht, die Dinger seien zu laut.

Rathbone, dessen Honorar ein Siebtel der Produktionskosten betrug, ermittelt in der Schweiz, den Vereinigten Staaten, in Schottland und in Algier, nicht selten in staatlichem Auftrag. Holmes ist also kurz davor, ein früher James Bond ohne

Girls zu werden. Dazu trug das weltzugewandte Spiel Rathbones bei, der Holmes aller spleenigen Züge entkleidete. Kokain nahm er nicht, und die Drehbücher drängen auch sein Faible für wissenschaftliche Untersuchungen stark zurück. Dafür kommt das Duell mit Moriarty zur Wiedervorlage: in *The Secret Weapon*, wo Moriarty als Helfer der Gestapo agiert, wie in *The Woman in Green* von 1945, wo er seltsamerweise »Moriarity« heißt – wie später auch in *Sherlock Homes und das tödliche Halsband* von 1962 – und seine Opfer durch Hypnose unterwirft. Die Verfilmungen haben Moriarty über den Zweikampf am Reichenbachfall hinaus berühmt gemacht. Wenn er denn der größte Verbrecher von allen gewesen sein soll, hatte das Publikum in den Augen der Drehbuchautoren einen Anspruch auf mehr Fälle mit ihm.

Der nächste große Holmes-Schauspieler, der mit einer Zäsur der Filmgeschichte verbunden ist, war Peter Cushing, der 1959 ebenfalls in einem *Hound* seine Premiere im ersten Farbfilm über Sherlock Holmes hatte. Sir Henry Baskerville wurde von Christopher Lee gespielt, einen Kopf größer als Cushing und drei Jahre später selbst ein Holmes. Der Film setzt ein mit der Szene aus dem 18. Jahrhundert, die den Fluch ausgelöst haben soll und hier sofort den Farbfilm durch die rote Jagdkleidung der Saufkumpane Hugo Baskervilles rechtfertigt. Andere pittoreske Elemente werden eingefügt. Holmes und Henry Baskerville haben sich kaum kennengelernt, da erfolgt ein Anschlag auf den Gutsbesitzer mittels einer Tarantel. Aus dem flüchtigen Gefangenen Selden wird, Jack the Ripper lässt grüßen, ein verrückter Serienmörder von »street women«. Ein Bischof wird eingeführt, der nichts gegen ein Glas Sherry oder weitere hat und von Miles Malleson hochkomisch als peinliche Figur gespielt wird. Die angebliche Schwester des Schmetterlingssammlers Stapleton, Beryl, die im Roman sich in Wahrheit als seine Frau erweist, wird in diesem Film, warum auch immer, seine Tochter, ist halb Spanierin, weshalb auch immer, und heißt jetzt Cecile, wieso auch immer. Vermutlich auch der Farbe wegen und weil einer Spanierin – heißblütig, nach der Phrase – mehr böse Leidenschaft zugetraut wurde. Sie versinkt am Ende im Moor.

Peter Cushing wird 1968 zwar nicht der erste Sherlock Holmes im Fernsehen. Der hatte schon 1949 in den Vereinigten Staaten seinen Auftritt. Aber Cushing spielt Holmes in der ersten großen BBC-Serie, die in Farbe gedreht wurde. Zuvor hatte er in Kinofilmen den Vampirjäger van Helsing und Victor Frankenstein gespielt und erschien jetzt in 16 Episoden, die sich mitunter mehr als 15 Millionen Zuschauer ansahen, damals deutlich mehr als ein Viertel der britischen Bevölkerung. Sein Holmes hält sich akribisch an die Beschreibungen, die Conan Doyle vom Detektiv gegeben hat, er ist ein rhetorisch begabter Gentleman, trägt nicht nur die Mütze, sondern auch Zylinder und Handschuhe, ist stets energisch, arbeitet viel mit seinen Händen und presst seine schmalen Lippen im kantigen und leicht ausgezehrten Gesicht oft aufeinander, während er seine Augen beim Nachdenken wandern lässt. Es war die bislang erfolgreichste Holmes-Serie, und das, obwohl die Vorgängerserie der BBC, gedreht 1964, erst 1966 wiederholt worden war.

Machen wir einen großen Sprung und überspringen wir dabei ein paar schlimme Holmes-Verfilmungen wie beispielsweise *The Private Life of Sherlock Holmes* von 1970 von Billy Wilder, eine Komödie, in der Holmes als Dandy voller sexueller Vorbehalte erscheint, um dem Drehbuch die Gelegenheit zu geben, keine peinliche Szene auszulassen. Wie viele Parodien auf Holmes wirkt der Film überflüssig, weil es nicht schwer

Peter Cushing 1913–1994
Film and television actor

Peter Cushing als Sherlock Holmes. Briefmarke aus der Reihe *Great Britons*, 2013

und geradezu billig ist, Witze über eine an sich schon exzentrische Figur und ihre merkwürdigen Charakterzüge zu machen.

Viel ernster und bis auf wenige Abweichungen – Dr. Watson heiratet nicht – nachgerade philologisch genau inszenierte die BBC-Fernsehserie *Sherlock Holmes* zwischen 1984 und 1994 ganze 39 Erzählungen und zwei Romane des Kanons. Hauptdarsteller war Jeremy Brett, der vielen noch heute als der Holmes am meisten nahekommende Schauspieler gilt, auch wenn er selbst das anders sah. In seinen letzten Jahren sorgten die Medikamente, die er einer Depression halber nahm, für einen durch Ödeme immer aufgedunseneren Holmes. Das gefiel Brett naturgemäß nicht, was den Eindruck einer großen Hommage an den historischen Holmes der Doyle'schen Texte aber nicht mindert.

Wie anders ist gerade in dieser Hinsicht die Fernsehserie *Sherlock*, die von 2010 an von der BBC mit Benedict Cumberbatch in der Titelrolle gedreht wurde. Sie legt ein Maximum an Reaktionsfähigkeit, intellektuellem Tempo und Arroganz in die Figur: »Wie ist das in so kleinen Gehirnen, das muss doch langweilig sein?« Cumberbatch, einer der jüngsten Darsteller von Holmes, wirkt wie ein Hochbegabter, der statt Kokain seine Intelligenz und sein Desinteresse an normaler Sozialität genießt, um in Schwung zu kommen. Ultraschlagfertig, seinen Gegenübern immer drei Gedanken voraus, an keinerlei Konvention gebunden, überbietet er alles, was Conan Doyle in dieser Richtung eingefallen ist.

Die Serie spielt im London unserer Tage, verarbeitet viele Motive und Zitate des Kanons, aber oft so, dass sie erst auf den zweiten Blick erkennbar sind. Watson (der fabelhafte Leidensmann Martin Freeman) kehrt aus dem neuerlichen Afghanistankrieg zurück, und die Hauptstadt wird in der ersten Folge von einer Reihe sich ähnelnder Suizide heimgesucht, was die Frage aufwirft, ob es so etwas wie Serienselbstmorde gibt.

Apropos Serien: *Sherlock* überwindet ein Problem der Geschichten, die Arthur Conan Doyle geschrieben hat. Sie sind Episoden, und zwar abgeschlossene. Sherlock Holmes ermittelt hier und da, doch die einzige Verbindung zwischen den Fällen sind er und Watson. Die Londoner Gesellschaft zerfällt auf diese Weise in eine Reihe von Verbrechen ohne jeden Zusammenhang. Die Behauptung, Professor Moriarty stecke hinter vielen von ihnen, bleibt unbewiesen und unerzählt. Für die Leser des *Strand* hatte das den Vorteil, nicht wissen zu müssen, was bisher geschah. Späteren Lesern hingegen kann es als ein Mangel an erzählerischer Verdichtung vorkommen. Es fehlen Cliffhanger und ein großer Erzählbogen.

Diesen Makel heilt die Serie *Sherlock*. Sie unterstellt Zuschauer, die sich nicht nur eine Episode anschauen, sondern

Das Alter der Darsteller von Sherlock Holmes

1. Viggo Larsen (1908): 28 Jahre
2. Benedict Cumberbatch (2010): 34 Jahre
3. Christopher Lee (1962): 40 Jahre
4. Clive Brook (1929): 42 Jahre
5. Peter Cushing (1959): 46 Jahre
6. Basil Rathbone (1939): 47 Jahre
7. Jeremy Brett (1984): 51 Jahre
8. Peter Cushing im Fernsehen (1968): 55 Jahre
9. Eille Norwood (1921): 60 Jahre
10. Peter Cushing in seiner letzten Holmes-Rolle (1984): 71 Jahre

von Anfang bis Ende dabei sind. Entsprechend wird eine Handlungsfolge über einzelne Episoden hinweg konstruiert, wodurch die kriminelle Situation in London integriert erscheint. Integriert beispielsweise über Moriarty, der immer wieder hinter den einzelnen Fällen hervortritt. Immer wieder werden liegen gelassene Fäden wiederaufgenommen, immer wieder kommen Mycroft Holmes und Inspector Lestrade ins Spiel. Selbst die Gattin von Dr. Watson hält in der Serie durch ihre Doppelexistenz einige Episoden zusammen.

Dies ist ein großer Reiz der Weitererzählungen von Sherlock Holmes: dass sie Schwächen des Kanons ausgleichen, seine ausgelassenen Möglichkeiten verwirklichen. Die Arbeit am Mythos lebt seit der griechischen Tragödie davon, dass er nicht auserzählt ist, wodurch er zu Bearbeitungen anregt. Wir erkennen Sherlock in seinen Bearbeitungen wieder, und wir erkennen ihn neu.

Gegenentwürfe

Die Bedeutung eines Mythos ergibt sich aus dem Umfang der Möglichkeiten, ihn zu variieren. Dieser Umfang war bei Sherlock Holmes schon deshalb beträchtlich, weil die Figur so viele Leerstellen aufwies. Sie war politisch, erotisch, familiär, touristisch und religiös ganz unbestimmt. Was also wäre ein katholischer, ein sich mehr für die soziale Dimension der Verbrechen interessierender, ein ländlicher, ein in Europa herumreisender, ein französischer oder ein verbeamteter Holmes?

Die erste Antwort lautet selbstverständlich: Er wäre kein Holmes mehr. Für die Autoren der Variationen auf Sherlock Holmes stellte sich also die Frage, welche Errungenschaft der Detektivgeschichte sich festhalten lassen, wenn die Gestalt des Detektivs ganz anders angelegt wird.

Auf zwei solcher Errungenschaften ist schon hingewiesen worden: das Ermittlerduo und die Deutung von Spuren. Weil es Holmes und Watson gibt, sieht sich das Publikum in den Geschichten selbst und nicht nur durch sie angesprochen. Die Leser werden beteiligt. Indem Spuren ausgelegt werden – nicht immer für alle sichtbar, nicht immer zu entziffern, aber doch häufig fair –, ist die Form dieser Beteiligung klar: Es ist die Form des Mitdenkens. Der Effekt der Beteiligung ist dasselbe

»Ah, natürlich!«, das sich einst einstellte, als der Mathematiklehrer Nungeßer an der Tafel des Darmstädter Gymnasiums, das ich besuchte, hochgradige Gleichungen auflöste und selbst diejenigen Schüler, also ich, verstanden zu haben glaubten, die an der nächsten Gleichung schon wieder scheiterten.

Die Figuration der doppelten Ermittler hat sich in vielen Detektivromanen erhalten und wurde bereits früh genutzt. An der Seite von Molly Robertson-Kirk steht 1910 in zwölf Abenteuern Mary Granard, Father Brown wird regelmäßig von Hercule Flambeau begleitet, Hercule Poirot hat ab und an Colonel Hastings, der ihm hilft. Schon 1893 schuf Harry Blyth in *The Missing Millionaire* (»Der vermisste Millionär«) den Ermittler Sexton Blake, eine Art Holmes mit erhöhter Gewaltbereitschaft. Von 1904 an, Blyth war längst verstorben, wurde ihm für seine tausenden von Abenteuern – insgesamt von 177 Autoren geschrieben – als Assistent Edward Carter zur Seite gestellt. Inspector Cromwell mit dem sportlichen Assistenten Lister wurde eingangs schon erwähnt. Mikael Blomkvist hat Lisbeth Salander. Der Ermittler ohne Glück in der Liebe soll trotzdem nicht einsam sein.

In vielen dieser Fälle ist der Assistent nicht zugleich der Erzähler. Rex Stout jedoch hat daran festgehalten und den stark übergewichtigen Nero Wolfe mit dem Assistenten Archie Goodwin ausgestattet, der nicht nur alle Dinge außerhalb der beiden New Yorker Hochhausstockwerke erledigt, weil Wolfe sie so ungern verlässt, sondern auch die Fallgeschichten erzählt. In der Forschung zu Holmes ist Rex Stout mit seiner These »Watson Was a Woman« nicht durchgedrungen. In den Forschungen zu Nero Wolfe hingegen ist die These prominent geworden, der 1892 geborene Detektiv sei ein Sohn von Sherlock Holmes, gezeugt während dessen

Weltreise nach dem vermeintlichen Tod im Reichenbach-Wasserfall.

Wenn wir schon beim schönen Unfug sind: Eine erste Variation auf Sherlock Holmes war Herlock Sholmes. Maurice Leblanc, der Erfinder des französischen, obzwar vegetarischen ›Nationaldiebes‹ Arsène Lupin, hatte ihn 1906 mit Sherlock Holmes in Wettstreit treten lassen, aber Conan Doyle machte 1907 Markenrechte geltend und unterband die weitere Verwendung seines Heldennamens. So wurden – nicht erst seit Claude Lévi-Strauss und Jacques Derrida sind Franzosen Freunde der Permutation – die Silben im Namen vertauscht. Aus Watson wurde Wilson. 1910 erschien ein Roman Leblancs in Großbritannien sogar unter dem Titel *Arsène Lupin versus Homlock Shears*. Nur von Hersholm Lockes und Shomlock Hears hatte einstweilen noch niemand gehört.

Leblancs Geschichte ist eine Gaunerkomödie um einen alten Schreibtisch, gestohlene Lotteriescheine, gespielte Entführungen und hilflose Polizisten. Sie vergnügt sich mit abenteuerlichen Szenenwechseln und aufgeregten Dialogen. »Der Baron d'Autrec schrie auf. Wo war das Geld? Der Mörder war entkommen. Außerdem wunderte sich Schwester Auguste über das Verschwinden der Zofe Antoinette. Meiner Meinung nach hat der Mörder sie entführt, sagte Charles.« Kurz darauf steht die Zofe im Verdacht, den Baron getötet zu haben. Wir haben nur ein wenig verdichtet, aber so geht es bei Leblanc zu.

Und Herlock Sholmes? »Endlich Revanche für Trafalgar!«, ruft Lupin aus, und die beiden nehmen sich während dieses Davis-Cup-Spiels 100 Seiten lang ein bisschen gegenseitig gefangen. Dass Engländer Witzfiguren sind, wird vorausgesetzt. Wilson/Watson bekommt besonders viel Spott ab, indem er über Seiten hinweg als »getreues Echo« immer nur den letzten

Satz von Sholmes wiederholt. Und am Ende, Überraschung!, entschlüpft Lupin, während die Tageszeitungen von seiner Verhaftung berichten. Von hier aus führte kein Weg zur weiteren Entwicklung des Detektivromans.

Der erste bedeutende Gegenentwurf zu Holmes ist Hochwürden Brown, auf Englisch »Father Brown«, ins Deutsche ungenau mit »Pater Brown« übersetzt, so als ob es sich um einen Ordensgeistlichen handelte. Bei seinem ersten Auftritt 1910 begegnet den Lesern ein anderes England. Es ist voller Parks und Cafés und Villen, voller Liebespaare, voller Anhänger verrückter Religionen, darunter der des organisierten Atheismus, und voll der seltsamsten Clubs, deren Existenz Conan Doyle nur einmal gestreift hatte, als er den Diogenes Club von Sherlocks Bruders Mycroft erwähnte, in dem es ein striktes Schweigegebot für die Mitglieder gegeben haben soll.

Gilbert Keith Chestertons Detektiv ist ein Pfarrer, für den der Glaube seiner Kirche äquivalent mit dem gesunden Menschenverstand ist. Er beobachtet weniger Spuren, also Objekte, als vielmehr Personen und ihre Merkwürdigkeiten. Der schöne Satz von Sergeant Hathaway aus der Kriminalserie *Lewis*, Spuren seien nur ein anderer Name für Fehler, wird hier ins Charakterliche gewendet. Die Täter haben einen dunklen Fleck auf ihrer Seele, an dessen Form sie zu erkennen sind. Die irrenden Ermittler wiederum täuschen sich, weil sie über den Spuren die menschlichen Fehler vergessen.

Eine Geschichte bei Chesterton kann so beginnen: »Im kalten blauen Zwielicht zweier steiler Straßen in Camden Town glühte das Geschäft an der Ecke, eine Konditorei, wie das Ende einer Zigarre. Oder vielleicht sollte man besser sagen, wie das Ende eines Feuerwerks, denn das Licht war vielfarben und von einiger Komplexität, da es von vielen Spiegeln gebrochen wurde und auf vielen vergoldeten und fröhlich-bunten Kuchen und Süßigkeiten tanzte.« (*The Invisible Man* bzw. *Der unsichtbare Mann*). Die Beobachtungsgabe von Sherlock Holmes hätten solche Bilder sofort als überspannt verworfen. Sie operieren nicht in einer Seelenlandschaft. Dass die Personen der kriminellen Handlung von Leidenschaften bewegt sind, spielt bei ihnen keine große Rolle, denn Zahl und Art der Passionen sind bei Holmes sehr überschaubar.

Bei Chesterton nicht. Hier ist alles voller Ambitionen, Ideologien und fixer Ideen. Sonnenpriester treten auf, betrügerische Finanzmagnaten, Leute, die an nichts als Wissenschaft glauben wollen, Sozialisten und herrische Verfechter der Oberschichtenmoral, der zufolge Armut schändet. Father Brown ist schon seiner äußeren Erscheinung nach ein Gegenentwurf zu Holmes. Er ist klein, rundlich, hat wässrige Augen, blinzelt, wann immer er etwas in den Blick nimmt, »der Mann selbst war die reine Verkörperung all dessen, was schlicht und hilflos ist«. Zugleich trägt er die schwarze Soutane und einen Hut, dessen Schatten aussieht, als hätte er zwei Hörner, wie ein Anti-Kostüm zu demjenigen von Holmes. Er ist nicht der ermittelnde Dandy, sondern »der hässliche Priester Christi«. Außerdem wird er nie zur Lösung eines Falles engagiert, er steht meistens nur in der Nähe herum, wenn eine Tat geschieht, meldet sich dann mit kleinen Kommentaren zu Wort, und am Ende landet die Ermittlung ganz bei ihm. Dass er ein Priester ist, öffnet ihm die Türen, denn wer würde einen Priester abweisen?

Der zweite große Gegenentwurf kommt von Agatha Christie. Sie erfindet zwei Detektive ganz unterschiedlichen Zuschnitts: Hercule Poirot und Miss Marple.

Hercule Poirot teilt mit Holmes nicht nur den Beruf als europaweit bekannter Privatdetektiv, sondern auch die Selbstge-

rechtigkeit. Er sagt: »Ich habe immer recht. Es ist so unweiger-
lich der Fall, dass es mich verblüfft.« Aber er macht sich über
die Suche nach Spuren, abgebrochenen Streichhölzern und
Blutspritzern lustig. Für ihn wie Miss Marple ist die Wissenschaft der Kriminologie vor allem eine Psychologie, eine An-
thropologie, eine Kenntnis von Personen, Familien und Beziehungen. Die Täter werden überführt, weil sich die Detektive
in den komplizierten Verwirrungen des menschlichen Lebens
auskennen, mit Eifersucht und Neid, Ehrgeiz und Enttäuschung, Rachsucht und Ohnmacht.

Die Ermittlung wird so von der sachlichen auf die soziale
Ebene gehoben. Natürlich spielen Tatsachen weiterhin eine
Rolle, aber es ist vor allem die Logik der Absichten, in der sich
Poirot und Marple zurechtfinden. Die Virtuosität von Agatha
Christie bestand dabei in ihrer Fähigkeit, in 66 Romanen fast
jede denkbare Handlungsabfolge zu nutzen. Von den 20 Regeln für den Detektivroman, die S. S. van Dine aufgestellt hat,
verstößt sie gegen mehr als die Hälfte, darunter besonders
häufig gegen die Vorschrift, es dürfe in ihm keine Liebesge-
schichten geben. Bei Christie gibt es den Ich-Erzähler als Mörder (*Alibi*, 1926), die Frau, auf die ständig Anschläge verübt
werden, als Täterin (*Das Haus an der Düne*, 1932), den Mord,
bei dem alle Verdächtigen auch die Mörder sind (*Mord im Ori-
ent-Express*, 1934), den Mord als Generalprobe eines weiteren
(*Nikotin*, 1935), den Mord in einem Flugzeug, also unter ver-
sammelter Augenzeugenschaft (*Tod in den Wolken*, 1935), die
Vortäuschung des Serienmordes eines Verrückten (*Die Morde
des Herrn ABC*, 1936), die Dezimierung einer abgeschlossenen
Gruppe durch eines ihrer Mitglieder, das den eigenen Tod vor-
täuscht in *Und dann gab's keines mehr*, 1939, dem weltweit
meistverkauften Kriminalroman bislang, und es gibt sogar den

Mord durch den Detektiv (*Vorhang*, 1975) in einem Roman, in dem gegen einen Täter ermittelt wird, der durch Intrigen andere dazu bringt, für ihn zu töten.

Miss Marple, die von 1930 an in zwölf Romanen ermittelt, hat nichts von Sherlock Holmes außer dem Scharfsinn, den sie aber auf die dunklen Seiten der dörflichen Netzwerke richtet. Sie ist in fortgeschrittenem Alter, lebt im Tempo des Adagios von einem Erbe auf kleinem Fuß, ohne einen Beruf zu haben. In ihrem Dorf St. Mary Mead kommt es alle zwei Jahre zu einem Mord, und zwar nicht, weil die Lebensumstände dort besonders bedrückend wären. Jane Marple, die entsprechend pessimistische Einschätzungen der menschlichen Natur hat, schöpft aus der Beobachtung von Lebensläufen, die von Leichtsinn, Verzweiflung, Eigensinn und Dummheit bestimmt sind. Gern streut Agatha Christie in ihre Polemiken gegen moderne Irrmeinungen ihr Unverständnis für die These ein, Charakter sei abhängig von und änderbar durch Erziehung. »›Aha‹, sagte Miss Marple gedehnt.«

Hercule Poirot wiederum ist Stadtbewohner und in höherem Sinne alleinstehend als Marple, die Freundschaften pflegt und Mitglied vieler Austauschringe von lokalem Klatsch ist. Er hingegen speist allein, und dass er gern mehr als dreimal am Tag essen würde, deutet an, wie sehr er die eigene Gesellschaft allen anderen vorzieht. Poirots Ermittlungsmethode besteht oft im Abwarten. Die Tatumstände ergeben nicht immer einen zwingenden Schluss auf den Täter. Es ist vielmehr der Ermittlungsdruck selbst, der die Verdächtigen zu Reaktionen drängt, durch die sie sich verraten. Den Lesern wird insofern vor allem Personenbeobachtung nahegelegt, die Einfühlung in Figuren und Typen. Die Spannung erhält sich darum nur, wenn diese Typen zweideutig genug angelegt sind, wenn also im Leichtsinn, im Mürrischsein oder in der Hingabe sowohl das Gute wie das Böse stecken können.

Father Brown, Hercule Poirot, Jane Marple – das ist nur ein kleiner, prominenter Ausschnitt der ersten Variationen auf Sherlock Holmes. Der amerikanische Autor Rex Stout hat mit seinem Detektiv Nero Wolfe vielleicht am stärksten auf das englische Urphänomen reagiert. Mehr noch aber auf die 1934 vorgetragene Kritik seines Kollegen Raymond Chandler an den gemütlichen Geschichten, die in »Cheesecake Manor« spielten, in »Linzertortenhausen« also, einer Welt von Teestuben mit angeschlossenen Villen, Golfplätzen und Tanten mit beträchtlichen Erbschaften. »Mehr Realismus!«, war die Parole dieser Kritik. Stout setzte ihr einen großstädtischen Detektiv entgegen, dem Fälle mit gesellschaftspolitischem Gehalt zugetragen werden, in denen das FBI, Konflikte unter Stierzüchtern und solche unter Spitzenköchen sowie Armutsfragen in New York eine Rolle spielen. Gegenüber der Kritik, der britische Detektiv selbst sei der Mythos und müsse durch den desillusionierten, »hard-boiled« auf der Straße ermittelnden Privatdetektiv ersetzt werden, der nicht Fälle löst, sondern sich durch die Allgegenwart des Verbrechens hindurchschlägt, bewahrte Stout das Vertrauen in die Intelligenz. Und das Vertrauen in den elitär vorgehenden Wolfe, der seine Wohnung selten verlässt und für die Arbeit vor Ort einen Assistenten hat, so wie es bei Holmes im *Hund der Baskervilles* der Fall war.

Wir haben also ein Variationsschema vor uns, das auf die Zeitumstände reagiert. Für Agatha Christie spielt beispielsweise die spektakuläre Auffächerung der Familienverhältnisse, deren Zeugen wir in den vergangenen mindestens 100 Jahren geworden sind, eine wichtige Rolle: Scheidungen, Adoptionen, eheähnliche Lebensgemeinschaften und all die

Testamente, die daran hängen. Für den Detektivroman nach Sherlock Holmes ist die Frage bedeutsam, inwiefern dieser soziale Wandel nur die Fälle oder auch den Detektiv betrifft. Kann die Instanz der Rationalität also frei gehalten werden von den Zumutungen der Wirklichkeit? Den Detektiv gegenüber dem Umkreis seiner Fälle in Distanz zu halten war eine Methode des frühen Detektivromans. Der Ermittler hatte selbst keine Probleme in seinem Privatleben. Er war weder verliebt noch mit Erbschaftsfragen oder Karrieresorgen belastet. Es ändert sich viel, wenn also der Detektiv sich in die Sphäre seiner Ermittlungen hineingezogen sehen muss.

Nach Chesterton, Christie und Stout wird das zunehmend geschehen. In Georges Simenons Kommissar Maigret ist die Trennung von Polizist und Löser der Fälle aufgehoben, was dazu führt, dass der Detektiv menschliche Seiten zeigt. Er trinkt Bier, plauscht mit Prostituierten oder ehemaligen Strafgefangenen, fährt mit seiner Frau auf Kur. Maigret ermittelt nicht von außen, sondern von innen, und oft ist er nur ein ganz gewöhnlicher Mann, der sich mit an den Stammtisch setzt, ganz dem Milieu der kleinen Leute zugehörig, gegen die er meistens ermittelt. Er ist »ein Plebejer, bis auf die Knochen, bis ins Mark«, und seine Methode ist die Sympathie. Einmal äußert er seinen jugendlichen Berufswunsch, Arzt und Priester in einem sein zu wollen. Das ist ihm gelungen, und damit wurde er zum Gegenbild von Sherlock Holmes, der weder heilen noch die Krisen der Seele lösen wollte.

Die Geschichte der Nachwirkungen von Sherlock Holmes ist insofern eine Geschichte der zunehmenden Verstrickungen des analytischen Verstandes in das Milieu seiner Untersuchungen, wodurch der Detektiv nach und nach von einem Halbgott zurück in einen Menschen verwandelt wird.

Lektüretipps

Alan Barnes: Sherlock Holmes on Screen. The Complete Film and TV History. London 2012.

Luc Boltanski: Rätsel und Komplotte. Kriminalliteratur, Paranoia, moderne Gesellschaft. Übers. von Christine Pries. Berlin 2013.

Mattias Boström: Von Mr. Holmes zu Sherlock. München 2015.

Benoît Dahan / Cyril Liéron: Dans la Tête de Sherlock Holmes. Roubaix 2019 ff. Dt.: Im Kopf von Sherlock Holmes. Bielefeld 2024 ff. [Preisgekrönter Comic über einen erfundenen Fall.]

Ronald A. Knox: Essays in Satire. London 1928.

Franco Moretti: Distant Reading. Übers. von Christine Pries. Konstanz 2016.

Viktor Šklovskij: Die Kriminalerzählung bei Conan Doyle. In: Jochen Vogt (Hrsg.): Der Kriminalroman I. Zur Theorie und Geschichte einer Gattung. München 1971. S. 76–94.

William Somerset Maugham: The Vagrant Mood. London 1952.

Robert Louis Stevenson: A Plea for Gas Lamps. In: Essays I. Virginibus Puerisque and Other Papers. Edinburgh 2018. S. 110–112.

Rex Stout: Watson Was a Woman? https://www.nerowolfe.org/pdf/stout/home_family/BSI/Watson_was_a_woman.pdf.

Tzvetan Todorov: Typologie des Kriminalromans. In: Jochen Vogt (Hrsg.): Der Kriminalroman. Poetik – Theorie – Geschichte. München 1998. S. 208–215.

Martin Weißmann: Organisiertes Misstrauen und ausdifferenzierte Kontrolle. Zur Soziologie der Polizei. Wiesbaden 2023.

Dank

Dank gilt André Kieserling für den Hinweis auf eine Studie zum frühen Polizeiberuf, Carlos Spoerhase für Kommentare zum Manuskript und Birte Förster für zahlreiche Verbesserungen.